喜楽研の DVD つき授業シリーズ

全授業の
板書例と展開がわかる
DVDからすぐ使える
~菊池省三・岡篤の授業実践の特別映像つき~

6年（上）

まるごと
授業

国語

※パソコン専用
DVD付

著者：岡 篤・南山 拓也・入澤 佳菜・菊池 省三・鈴木 啓史・田中 稔也　企画・編集：原田 善造

わかる喜び学ぶ楽しさを創造する教育研究所　略称 喜 楽 研

はじめに

　教育現場の厳しさは，増していくばかりです。多様な子どもや保護者への対応や様々な課題が求められ，教師の中心的活動であるはずの授業の準備に注ぐことができる時間は，とても十分とはいえません。

　このような状況の中で，授業の進め方や方法についても，制限が加えられつつあるという現状があります。制限の中で与えられた手立てが，目の前の子どもたちと指導する教師に合っていればよいのですが，残念ながらそうとばかりはいえないようです。

　そんなときは，派手さは無くても，きちんと基礎をおさえ，着実に子どもに達成感を味わわせることができる授業ができれば，まずは十分です。そんな授業を作るには，以下の2つの視点が必要です。

　1つ目は，子どもに伝えたいことを明確に持つことです。

　音読を例に取れば，「初期の段階なので子どもたちに自分がどの程度の読みができるのかを自覚させる」のか，「最終的な段階なので指導した読み方の技術を生かして，登場人物の心情を思い浮かべながら読む」のかといったことです。

　2つ目は，子どもがどんな状態にあるのかを具体的に把握するということです。

　どうしても音読に集中できない子がいた場合，指で本文をなぞらせることが有効かもしれません。また，隣の子と交代しながら読ませれば楽しんで取り組むかもしれません。

　こういった手立ても，指導者の観察，判断があってこそ，出てくるものです。

　幸い，前版の「まるごと授業　国語」は，多くの先生方に受け入れていただくことができました。指導要領の改訂に伴い，この「まるごと授業　国語」を新たに作り直すことになりました。もちろん，好評であった前版のメインの方針は残しつつ，改善できる部分はできる限りの手を加えています。

　前回同様，執筆メンバーと編集担当で何度も打ち合わせをくり返し，方針についての確認や改善部分についての共通理解を図りました。また，それぞれの原稿についても，お互い読み合い，検討したことも同じです。

　新版では，授業展開の中のイラストの位置をより分かりやすい部分に変えたり，「主体的・対話的で深い学び」についての解説文をつけたりといった変更を行っています。

　その結果，前版以上に，分かりやすく，日々の実践に役立つ本になったと思います。

　この本が，過酷な教育現場に向かい合っている方々の実践に生かされることを心から願ってやみません。

本書の特色

全ての単元・全ての授業の指導の流れが分かる

　学習する全単元・全授業の進め方が掲載されています。学級での日々の授業や参観日の授業，研究授業や指導計画作成等の参考にしていただけます。

　本書の各単元の授業案の時数は，ほぼ教科書の配当時数にしてあります。

主体的・対話的な学びを深める授業ができる

　各単元のはじめのページや，各授業案のページに，『主体的・対話的な深い学び』の欄を設けています。また，展開例の4コマの小見出しに，「読む」「音読する」「書く」「対話する」「発表する」「交流する」「振り返る」等を掲載し，児童の活動内容が一目で具体的に分かるように工夫しています。

1時間の展開例や板書例を見開き1ページで説明

　どのような発問や指示をすればよいか具体例が掲載されています。先生方の発問や指示の参考にして下さい。

　実際の板書をイメージしやすいように，2色刷りで見やすく工夫しています。また，板書例だけでは，細かい指導の流れが分かりにくいので，詳しく展開例を掲載しています。

DVDに菊池 省三・岡 篤の授業実践の特別映像を収録

　菊池 省三の「対話・話し合いのある授業」についての解説付き授業映像と，岡 篤の各学年に応じた「指導のコツ」の講義映像を収録しています。映像による解説は分かりやすく，日々の授業実践のヒントにしていただけます。また，特別映像に寄せて，解説文を巻頭ページに掲載しています。

DVD利用で，楽しい授業，きれいな板書づくりができる

　授業で活用できる黒板掲示用イラストや児童用ワークシート見本を，単元内容に応じて収録しています。カードやイラストは黒板上での操作がしやすく，楽しい授業，きれいな板書づくりに役立ちます。

6年上（目次）

はじめに ……………………………………………………………………………………… 2

本書の特色 ………………………………………………………………………………… 3

本書の使い方 ……………………………………………………………………………… 6

付録ＤＶＤ−ＲＯＭについて ………………………………………………………… 8

対話・話し合いのある授業に，一歩踏み出そう　菊池 省三 ……………………… 10

俳句の作り方　〜五七五，多作，×うれしいな　岡 篤 …………………………… 20

俳句鑑賞文　　　　　　　　　　　　　　　　　岡 篤 ……………………………… 21

つないで，つないで，一つのお話 …………………………………………………… 24

春の河／小景異情 ……………………………………………………………………… 28

① 視点のちがいに着目して読み，感想をまとめよう ……………………………… 34
帰り道

本は友達　地域の施設を活用しよう ………………………………………………… 44

漢字の形と音・意味 …………………………………………………………………… 48

季節の言葉　春のいぶき ……………………………………………………………… 58

聞いて，考えを深めよう ……………………………………………………………… 66

漢字の広場① …………………………………………………………………………… 80

② 筆者の主張や意図をとらえ，自分の考えを発表しよう ………………………… 86
〈練習〉 笑うから楽しい
時計の時間と心の時間
〔情報〕 主張と事例

話し言葉と書き言葉 …………………………………………………………………… 104

たのしみは ···································· 108

文の組み立て ···································· 116

天地の文 ···································· 120

〔情報〕情報と情報をつなげて伝えるとき ···································· 124

私たちにできること ···································· 128

季節の言葉　夏のさかり ···································· 140

本は友達 ···································· 146
私と本
森へ

詩を味わおう ···································· 162
せんねん　まんねん

いちばん大事なものは ···································· 168

利用案内を読もう ···································· 174

熟語の成り立ち ···································· 182

漢字の広場② ···································· 190

③　作品の世界をとらえ，自分の考えを書こう ···································· 196
やまなし
〔資料〕　イーハトーヴの夢

言葉の変化 ···································· 216

本書の使い方

◆板書例について

　時間ごとに，教材名，本時のめあてを掲載しました。実際の板書に近づけるよう，特に目立たせたいところは，赤字で示したり，赤のアンダーラインを引いたりしています。DVDに収録されているカード等を利用すると，手軽に，きれいな板書ができあがります。

◆授業の展開について

① 1時間の授業の中身を3コマ〜4コマの場面に切り分け，およその授業内容を表示しています。

② 展開例の小見出しで，「読む」「書く」「対話する」「発表する」「振り返る」等，具体的な児童の活動内容を表しています。

③ 本文中の「　」表示は，教師の発問です。

④ 本文中の　・　表示は，教師の発問に対する児童の反応等です。

⑤「　」や　・　がない文は，教師への指示や留意点などが書かれています。

⑥ □□の中に，教師や児童の顔イラスト，吹き出し，授業風景イラスト等を使って，授業の進め方をイメージしやすいように工夫しています。

やまなし

第 **3** 時　（3/8）

本時の目標
「五月」の幻灯に出てくる情景や出来事，言葉や比喩表現に着目して読み，この場面について自分の考えをメモすることができる。

授業のポイント
かにといっしょに，谷川の底を見ているという視点で読ませる。だから「クラムボンとは何か」についても，かにの目に見える「ある何か」だと言える。

本時の評価
「五月」の幻灯に書かれている出来事や情景を，表現に着目して読み，この場面について自分の考えを書いている。

板書例

〈読み深め〉五月の場面の豊かな表現に着目して，谷川の底の情景を思い浮かべます。そして，

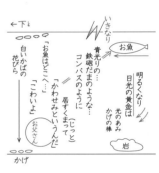

◇ 自分の考えをメモしよう

〈「五月」の谷川の底を見て〉
・暗くなったり明るくなったり
・クラムボン＝笑ったり死んだり
・こわいこと → きれいな花びら
　（かわせみと魚の死）

※児童の発表を板書する。

---

1 音読する／整理する　幻灯の「五月」の場面を読み，視点を図で整理しよう。

「音読しましょう。見た景色や出てくるもの，出来事，かにの会話を読み，谷川の底の様子を想像しましょう。」

　様子（情景），かに，出来事の3つの観点で，書かれていることを読む。3つの記号をつけたり，線を引かせてもよい。

幻灯の視点を確かめ，それぞれの視点を板書する。

「『上』（かみ，うえ）や『下』（しも，した）という言葉が出てきます。図で整理しておきましょう。」

　川の流れに合わせて，板書の図で説明する。

2 読む／想像する　「五月」の前半の文から，谷川の様子を読み取ろう。

「『五月』の谷川の様子はどのように見えたのか，107ページまで読みましょう。まず出てきたものは何だったのでしょう。」
・クラムボンという「生き物」がいます。
・1ぴきの魚も泳いでいます。

　文に即して話し合い，情景を想像させる。

「かにの兄弟は，何をしていましたか。」
・クラムボンや魚を見て，話をしています。
　クラムボンは「かにの言葉」である。「どんなもの」なのかは，「笑うもの」「死ぬもの」などと言える。

202

6

◆ **スキルアップ一行文について**

時間ごとに，授業準備や授業を進めるときのちょっとしたコツを掲載しています。

◆ **「主体的・対話的で深い学び」欄について**

この授業で，「主体的・対話的で深い学び」として考えられる活動内容や留意点について掲載しています。

かにの視点でどのような情景が見えたのか，読み深めます。

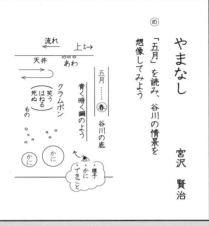

🔍 **主体的・対話的で 深い 学び**

・五月の場面の学習は，この時間だけでなく，後の十二月，そして，十二月との対比の学習にも関係する内容である。それぞれに自分なりの考えを持たせ，深い学びにつなげることが後につながる。そのためにも，話し合いが発表のみにならないように，教師が意見の違いを見つけて，深めていくように意図的に展開させたい。

準備物

・ワークシート
（児童用ワークシート見本　DVD 収録【6_23_08】）

◆ **準備物について**

1時間の授業で使用する準備物が書かれています。準備物の一部は，DVD の中に収録されています。準備物の数や量は，児童の人数やグループ数などでも異なってきますので，確認して準備してください。

◆ **本書付録 DVD について**

（DVD の取り扱いについては，本書 P8，9に掲載しています）

DVD マークが付いている資料は，付録 DVD にデータ収録しています。授業のためのワークシート見本，黒板掲示用イラスト，板書作りに役立つカード，画像等があります。

3 読む 対話する　「五月」の後半で，かにが見た出来事とその後の様子を読み取ろう。

「かにの兄弟が見た出来事は何だったのでしょう。108 ページ3行目から読んでみます。」（範読）
　ここも，かに側の視点で書かれている。

「その後の，かにと谷川の様子も発表しましょう。」

　再度 P107L4-P110を音読する。おびえたかにの様子と，お父さんの言葉，かば（山桜）の花びらが流れてきたことを想像させ，情景を話し合わせる。読み取ったことは全体で板書にまとめていく。

4 交流する 書く　「五月」に描かれていることを表に整理して，交流しよう。

「五月」を読んだ感想を交流してもよい。

「みんなで読んだ『五月』の様子と出来事を，板書を参考にして表に書きまとめましょう。」
「この谷川の様子や出来事が他の人にも伝わるように書くことができるかな。」
「この勉強の最後に，自分が考えたことを文章にまとめて交流します。忘れないように今日の学習で考えたことや感じたことをノートにメモしておきましょう。」

◆ **赤のアンダーラインについて**

本時の展開でとくに大切な発問や留意点にアンダーラインを引いています。

やまなし　203

本書の使い方　7

付録 **DVD−ROMについて**

DVDの利用で，楽しい授業・わかる授業ができます。
きれいな板書づくりや授業準備に，とても役立ちます。

◆DVD−ROMの内容について

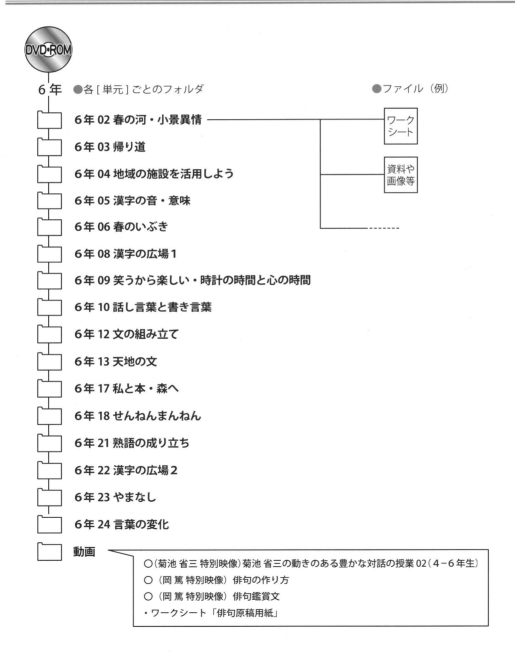

DVD-ROM

6年　●各 [単元] ごとのフォルダ　　　　　　　　　　●ファイル（例）

- 6年02 春の河・小景異情　　　　　　　　　　　　　　　　　　ワークシート
- 6年03 帰り道
- 6年04 地域の施設を活用しよう
- 6年05 漢字の音・意味　　　　　　　　　　　　　　　　　　　資料や画像等
- 6年06 春のいぶき
- 6年08 漢字の広場1
- 6年09 笑うから楽しい・時計の時間と心の時間
- 6年10 話し言葉と書き言葉
- 6年12 文の組み立て
- 6年13 天地の文
- 6年17 私と本・森へ
- 6年18 せんねんまんねん
- 6年21 熟語の成り立ち
- 6年22 漢字の広場2
- 6年23 やまなし
- 6年24 言葉の変化
- 動画
  - ○（菊池 省三 特別映像）菊池 省三の動きのある豊かな対話の授業02（4−6年生）
  - ○（岡 篤 特別映像）俳句の作り方
  - ○（岡 篤 特別映像）俳句鑑賞文
  - ・ワークシート「俳句原稿用紙」

◆使用上のご注意

このＤＶＤ－ＲＯＭはパソコン専用となっております。DVD プレイヤーでの再生はできません。
ＤＶＤプレイヤーで再生した場合，DVD プレイヤー及び，ＤＶＤ－ＲＯＭが破損するおそれがあります。

※ OS 以外に，ファイルを再生できるアプリケーションが必要となります。
　　PDF ファイルは Adobe Acrobat および Adobe Reader5.0 以降で開くことができます。

【その他】

プロジェクターや TV モニターで投影する場合は，各機器および使用しているパソコンの説明書を参照してください。

◆動作環境　Windows

【CPU】	Intel®Celeron®M プロセッサ 360J1.40GHz 以上推奨
【空メモリ】	256MB 以上（512MB 以上推奨）
【ディスプレイ】	解像度 640 × 480，256 色以上の表示が可能なこと
【OS】	Microsoft windows XP 以上
【ドライブ】	ＤＶＤ－ＲＯＭドライブ

◆動作環境　Macintosh

【CPU】	Power PC G4 1.33 GHz 以上推奨
【空メモリ】	256MB 以上（512MB 以上推奨）
【ディスプレイ】	解像度 640 × 480，256 色以上の表示が可能なこと
【OS】	MacOS X 10.4.11 (tiger) 以上
【ドライブ】	DVD コンボドライブ

上記のハードウエア，OS，ソフト名などは，各メーカーの商標，または
登録商標です。

※ファイルや画像を開く際に時間がかかる原因の多くは，コンピュータ
　のメモリ不足が考えられます。
　　詳しくは，お使いのコンピュータの取扱説明書をご覧ください。

◆複製，転載，再販売について

本書およびＤＶＤ－ＲＯＭ収録データは著作権法によって守られています。
個人で使用する以外は無断で複製することは禁じられています。
　第三者に譲渡・販売・頒布（インターネット等を通じた提供も含む）
することや，貸与及び再使用することなど，営利目的に使用することは
できません。
　本書付属ＤＶＤ－ＲＯＭのご使用により生じた損害，障害，被害，
その他いかなる事態について著者及び弊社は一切の責任を負いません。
　ご不明な場合は小社までお問い合わせください。

◆お問い合わせについて

　本書付録ＤＶＤ－ＲＯＭ内のプログラムについてのお問い合わせは，
メール，FAX でのみ受け付けております。
　メール：kirakuken@yahoo.co.jp
　ＦＡＸ：075-213-7706
　紛失・破損されたＤＶＤ－ＲＯＭや電話でのサポートは行っており
ませんので何卒ご承ください。
　アプリケーションソフトの操作方法については各ソフトウェアの販売
元にお問い合せください。小社ではお応えいたしかねます。

【発行元】

株式会社喜楽研（わかる喜び学ぶ楽しさを創造する教育研究所：略称）
〒 604-0827 京都市中京区高倉通二条下ル瓦町 543-1　　TEL：075-213-7701　FAX：075-213-7706

対話・話し合いのある授業に，一歩踏み出そう

菊池　省三

　教育の世界は，「多忙」「ブラック」と言われています。不祥事も後を絶ちません。

　しかし，多くの先生方は，子どもたちと毎日向き合い，その中で輝いています。やりがいや生きがいを感じながら，がんばっています。

　このことは，全国の学校を訪問して，私が強く感じていることです。

　先日，関西のある中学校に行きました。明るい笑顔あふれる素敵な学校でした。

　3年生と授業をした後に，「気持ちのいい中学生ですね。いい学校ですね」

　と話した私に，校長先生は，

　「私は，子どもたちに支えられています。子どもたちから元気をもらっているのです。我々教師は，子どもたちと支え合っている，そんな感じでしょうか」

　と話されました。なるほどと思いました。

　四国のある小学校で，授業参観後に，

　「とてもいい学級でしたね。どうして，あんないい学級が育つのだろうか」

　ということが，参観された先生方の話題になりました。担任の先生は，

　「あの子たち，とてもかわいいんです。かわいくて仕方ないんです」

　と，幸せそうな笑顔で何度も何度も話されていました。

　教師は，子どもたちと一緒に生きているのです。担任した1年間は，少なくとも教室で一緒に生きているのです。

　このことは，とても尊いことだと思います。「お互いに人として，共に生きている」……こう思えることが，教師としての生きがいであり，最高の喜びだと思います。

　私自身の体験です。数年前の出来事です。30年近く前に担任した教え子から，素敵なプレゼントをもらいました。ライターになっている彼から，「恩師」である私の本を書いてもらったのです。たった1年間しか担任していない彼からの，思いがけないプレゼントでした。

　教師という仕事は，仮にどんなに辛いことがあっても，最後には「幸せ」が待っているものだと実感しています。

　私は，「対話・話し合い」の指導を重視し，大切にしてきました。

　ここでは，その中から6つの取り組みについて説明します。

1. 価値語の指導

　荒れた学校に勤務していた20数年前のことです。私の教室に参観者が増え始めたころです。ある先生が，

　「菊池先生のよく使う言葉をまとめてみました。菊池語録です」

　と，私が子どもたちによく話す言葉の一覧を見せてくれました。

　子どもたちを言葉で正す，ということを意識せざるを得なかった私は，どちらかといえば父性的な言葉を使っていました。

　・私，します。

　・やる気のある人だけでします。

　・心の芯をビシッとしなさい。

　・何のために小学生をしているのですか。

　・さぼる人の2倍働くのです。

　・恥ずかしいと言って何もしない。

　　それを恥ずかしいというんです。

　といった言葉です。

　このような言葉を，私だけではなく子どもたちも使うようになりました。

　価値語の誕生です。

　全国の学校，学級を訪れると，価値語に出合うことが多くなりました。その学校，学級独自の価値語も増えています。子どもたちの素敵な姿の写真とともに，価値語が書かれている「価値語モデルのシャワー」も一般的になりつつあります。

　言葉が生まれ育つ教室が，全国に広がっているのです。

　教師になったころに出合った言葉があります。大村はま先生の「ことばが育つとこころが育つ　人が育つ　教育そのものである」というお言葉です。忘れてはいけない言葉です。

　「言葉で人間を育てる」という菊池実践の根幹にあたる指導が，この価値語の指導です。

2. スピーチ指導

　私は，スピーチ指導からコミュニケーション教育に入りました。自己紹介もできない6年生に出会ったことがきっかけです。

　お師匠さんでもある桑田泰助先生から，

　「スピーチができない子どもたちと出会ったんだから，1年かけてスピーチができる子どもに育てなさい。走って痛くなった足は，走ってでしか治せない。挑戦しなさい」

　という言葉をいただいたことを，30年近くたった今でも思い出します。

　私が，スピーチという言葉を平仮名と漢字で表すとしたら，

『人前で，ひとまとまりの話を，筋道を立てて話すこと』

とします。

　そして，スピーチ力を次のような公式で表しています。

『スピーチ力＝（内容＋声＋表情・態度）×思いやり』

　このように考えると，スピーチ力は，やり方を一度教えたからすぐに伸びるという単純なものではないと言えます。たくさんの要素が複雑に入っているのです。ですから，意図的計画的な指導が求められるのです。そもそも，コミュニケーションの力は，経験しないと伸びない力ですからなおさらです。

　私が，スピーチ指導で大切にしていることは，「失敗感を与えない」ということです。学年が上がるにつれて，表現したがらない子どもが増えるのは，過去に「失敗」した経験があるからです。ですから，

　「ちょうどよい声で聞きやすかったですよ。安心して聞ける声ですね」

　「話すときの表情が柔らかくて素敵でした。聞き手に優しいですね」

　などと，内容面ばかりの評価ではなく，非言語の部分にも目を向け，プラスの評価を繰り返すことが重要です。適切な指導を継続すれば必ず伸びます。

3. コミュニケーションゲーム

　私が教職に就いた昭和50年代は，コミュニケーションという言葉は，教育界の中ではほとんど聞くことがありませんでした。「話し言葉教育」とか「独話指導」といったものでした。

　平成になり，「音声言語指導」と呼ばれるようになりましたが，その多くの実践は音読や朗読の指導でした。

　そのような時代から，私はコミュニケーションの指導に力を入れようとしていました。しかし，そのための教材や先行実践はあまりありませんでした。私は，多くの書店を回り，「会議の仕方」「スピーチ事例集」といった一般ビジネス書を買いあさりました。指導のポイントを探すためです。

　しかし，教室で実践しましたが，大人向けのそれらをストレートに指導しても，小学生には上手くいきませんでした。楽しい活動を行いながら，その中で子どもたち自らが気づき発見していくことが指導のポイントだと気がついていきました。子どもたちが喜ぶように，活動をゲーム化させる中で，コミュニケーションの力は育っていくことに気づいたのです。

　例えば，対決型の音声言語コミュニケーションでは，
・問答ゲーム（根拠を整理して話す）
・友だち紹介質問ゲーム（質問への抵抗感をなくす）
・でもでもボクシング（反対意見のポイントを知る）

　といった，対話の基本となるゲームです。朝の会や帰りの会，ちょっとした隙間時間に行いました。コミュニケーション量が，「圧倒的」に増えました。

　ゆるやかな勝ち負けのあるコミュニケーションゲームを，子どもたちは大変喜びます。教室の雰囲気がガラリと変わり，笑顔があふれます。

4. ほめ言葉のシャワー

　菊池実践の代名詞ともいわれている実践です。30年近く前から行っている実践です。

　2012年にNHK「プロフェッショナル仕事の流儀」で取り上げていただいたことをきっかけに，全国の多くの教室で行われているようです。

　「本年度は，全校で取り組んでいます」
　「教室の雰囲気が温かいものに変わりました」
　「取り組み始めて5年が過ぎました」
　といった，うれしい言葉も多く耳にします。

　また，実際に訪れた教室で，ほめ言葉のシャワーを見せていただく機会もたくさんあります。どの教室も笑顔があふれていて，参観させていただく私も幸せな気持ちになります。

　最近では，「ほめ言葉のシャワーのレベルアップ」の授業をお願いされることが増えました。

　下の写真がその授業の板書です。内容面，声の面，表情や態度面のポイントを子どもたちと考え出し合って，挑戦したい項目を自分で決め，子どもたち自らがレベルを上げていくという授業です。

　どんな指導も同じですが，ほめ言葉のシャワーも子どもたちのいいところを取り上げ，なぜいいのかを価値づけて，子どもたちと一緒にそれらを喜び合うことが大切です。

　どの子も主人公になれ，自信と安心感が広がり，絆の強い学級を生み出すほめ言葉のシャワーが，もっと多くの教室で行われることを願っています。

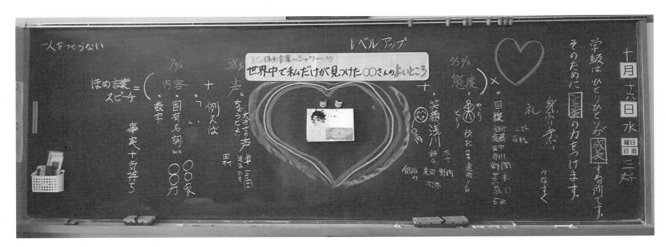

5. 対話のある授業

　　菊池実践の授業の主流は，対話のある授業です。具体的には，
・自由な立ち歩きのある少人数の話し合いが行われ
・黒板が子どもたちにも開放され
・教師が子どもたちの視界から消えていく
　　授業です。教師主導の一斉指導と対極にある，子ども主体の授業です。
　　私は，対話の態度目標を次の3つだと考えています。
① しゃべる
② 質問する
③ 説明する
　　それぞれの技術指導は当然ですが，私が重視しているのは，学級づくり的な視点です。以下のような価値語を示しながら指導します。
例えば，

・自分から立ち歩く
・一人をつくらない
・男子女子関係なく
・質問は思いやり
・笑顔でキャッチボール
・人と論を区別する
　　などです。
　　対話のある授業は，学級づくりと同時進行で行うべきだと考えているからです。技術指導だけでは，豊かな対話は生まれません。形式的で冷たい活動で終わってしまうのです。
　　学級づくりの視点を取り入れることで，子どもたちの対話の質は飛躍的に高まります。話す言葉や声，表情，態度が，相手を思いやったものになっていきます。聞き手も温かい態度で受け止めることが「普通」になってきます。教室全体も学び合う雰囲気になってきます。学び合う教室になるのです。
　　正解だけを求める授業ではなく，新たな気づきや発見を大事にする対話のある授業は，学級づくりと連動して創り上げることが大切です。

6.　ディベート指導

　私の学級の話し合いは，ディベート的でした。

　私は，スピーチ指導から子どもたちの実態に合わせて，ディベート指導に軸を移してきました。その理由は，ディベートには安定したルールがあり，それを経験させることで，対話や話し合いに必要な態度や技術の指導がしやすいからです。

　私は，在職中，年に2回ディベート指導を計画的に行っていました。

　1回目は，ディベートを体験することに重きを置いていました。1つ1つのルールの価値を，学級づくりの視点とからめて指導しました。

　例えば，「根拠のない発言は暴言であり，丁寧な根拠を作ることで主張にしなさい」「相手の意見を聞かなければ，確かな反論はできません。傾聴することが大事です」「ディベートは，意見をつぶし合うのではなく，質問や反論をし合うことで，お互いの意見を成長させ合うのです。思いやりのゲームです」といったことです。これらは，全て学級づくりでもあります。

　2回目のディベートでは，対話の基礎である「話す」「質問する」「説明する（反論し合う）」ということの，技術的な指導を中心に行いました。

　例えば，「根拠を丁寧に作ります。三角ロジックを意識します」「連続質問ができるように。論理はエンドレスです」「反論は，きちんと相手の意見を引用します。根拠を丁寧に述べます」といった指導を，具体的な議論をふまえて行います。

　このような指導を行うことで，噛み合った議論の仕方や，その楽しさを子どもたちは知ります。そして，「意見はどこかにあるのではなく，自分（たち）で作るもの」「よりよい意見は，議論を通して生み出すことができる」ということも理解していきます。知識を覚えることが中心だった今までの学びとは，180度違うこれからの時代に必要な学びを体験することになります。個と集団が育ち，学びの「社会化」が促されます。

　ディベートの持つ教育観は，これからの時代を生きる子どもたちにとって，とても重要だと考えています。

【4年生の授業】

4年生は，共同的な学びの楽しさを，体験を通して実感させる授業です。

漢字の「田」の中に隠されている漢字を，友だちと協力してたくさん探すという学習ゲーム的な授業です。

授業の展開は，

①　一人で探す

②　友だちと交流して増やす

というシンプルな内容です。

この授業のポイントは，交流のレベルを上げるということです。学び合う，教え合う活動のレベルを上げるということです。

自由な立ち歩きの交流を取り入れることに，多くの先生は不安を持っているようです。

・勝手に遊ぶのではないか

・男子と女子が別々になるのではないか

・一人ぼっちの子どもが出るのではないか

・答えを写すだけの子どもが出るのではないか

といったことが，主な原因のようです。

「対話のある授業」のところでも述べたように，自由な立ち歩きのある対話を取り入れると，このような気になることは当然起きるものです。

大切なのは，そのような気になることを，子どもたちとも相談しながら克服していくことなのです。学級づくりの視点を持って，克服していくのです。

本書の付録DVDでは，

・一人をつくらない

・男子女子関係なく

・えがおで話し合い

といったことを，1回目の交流の後に指導して，学び合いをよりダイナミックにしています。

【5年生の授業】

　5年生の授業では，考えが分裂する問いを教師が示し，ディベート的な話し合いをしています。

　目標や願いといった意味での「夢」は，「大きい方がいいか，小さい方がいいか」という問いを示し，

・自分の立場を決める

・理由を考える

・立場で別れて理由を出し合う

・全体の場で話し合いを行う

といった場面が，付録DVDには収められています。

　この授業でも，「ひとりひとり違っていい」という考えを大事にしています。安心感を持たせるためです。それによって，違いを出し合うことに抵抗感が少なくなり，学びを深め合えると考えるからです。

　また，映像でも分かると思いますが，黒板の左5分の1に，価値語を書いています。

・迫力姿勢

・自分らしさを出す

・えがお

・書いたら発表

などです。教師が，子ども同士が学び合う，つながり合うために必要だと考えたことを，「見える化」させているのです。そうすることで，子どもたちは何をどう頑張ればいいのかを理解します。言葉は実体験を求めるという性質があるので，学びの姿勢に勢いも出てきます。

　教師は，そのような子どもの発言や聞き合う姿を，受容的に受け止めます。少しずつ確実に学び合う教室へと成長していきます。

【6年生の授業】

　6年生の授業は，ペア・グループでの話し合いのポイントを示しています。多くの教室で，どの教科でもペア・グループの話し合いを取り入れていると思います。しかし，その多くは，「話し合いましょう」という指示だけで，子どもたちに「丸投げ」のようです。指導がないのです。
　授業動画では，
「最初に『お願いします』，終わりには『ありがとうございました』」
と言うように，指導しています。この一言があるだけで，子どもたちの話し合いは積極的なものに変わります。
　私は，学級に対話・話し合いのグランドルールを作るべきだと強く思っています。例えば，

① 何を言ってもいい
　　（下品なことや人が傷つくこと以外）
② 否定的な態度で聞かない
③ なるべく問いかけ合うようにする
④ 話さなくても一生懸命に聞けばいい
⑤ 知識よりも経験を話すようにする
⑥ 考えが変わってもいい
⑦ 考えが分からなくなってもいい

といったものです。
　子どもたちのいいところを取り上げたり，子どもたちと一緒になって話し合って決めたりする中で，1年間かけて作り上げるみんなの約束です。安心して対話や話し合いができるように，土台を作るのです。

　また，この動画では，教師が一人の子どもと対話している場面があります。意図的にしています。1対1の対話をすることで，他の子どもたちは聞き耳を立てて話を聞きます。教師の伝えたいことが，全員に浸透していきます。
　共同的な学びがより成立するためのルール作りや，それらを生み出す教師のパフォーマンスは重要です。

6年「俳句の作り方」
～五七五，季語，×うれしいな

岡　篤

〈盛り上がり抜群の連句〉

　俳句というと，一人一人が静かに集中して作るというイメージがあるかもしれません。しかし，連句をすれば，むしろ大いにクラスの雰囲気が盛り上がる授業にもなります。

　クラスを5人程度のグループに分けます。最初の一人が五七五を作り，次の人に回します。2番目の人は，最初の人の五七五に続けて，七七を加えます。3番目の人は，2番目の人の七七を読んで，五七五を作ります。1周したら，一つの作品の完成です。

　最初の子がスムーズに浮かばず，止まってしまう場合があるかもしれません。そんなときに備えて，それまでに作った俳句の1枚文集などを用意しておき，そこから自分の俳句を選んで使ってもよいことにします。

　おもしろい作品にするコツは，一つ前の人が書いたものだけを読んで作るということです。前の前なども合わせて考えると，同じような内容の堂々巡りになりがちです。

　ちなみに，連句の最初を「発句」，最後を「挙げ句」といいます。「発句」は，芭蕉が独立させ，正岡子規が「俳句」と名付けました。

〈初期のポイント2点〉

① 五七五に仕上げる

　　子どもの作品は，不用意に字余りや字足らずを行っている場合がよくあります。俳人が意図的に行う場合と違い，多くは大人が手を入れれば五七五になり，作品としてもよくなります。遠慮せずにどんどん添削してアドバイスしましょう。

② 季語を使う

　　季語を使った方がよいのは，「俳句の決まりだから」ではありません。季語は，日本の四季のイメージを凝縮した言葉です。そのため，季語を使うとその俳句のイメージが広がりやすくなります。

〈うれしいな，楽しいな，きれいだな，を使わない〉

　これらに加えるなら，うれしいな，などといった一般的な言葉を使わないということです。こういった言葉は，俳句のような短い作品の中では，ほとんど何もいっていないのと同じです。どんなふうにうれしいのかを「飛び跳ねた」「握手した」「にっこりと」といったように，具体的に書くように指導します。

〈多作多捨〉

　俳句の世界には，「多作多捨」という言葉があります。文字通り，たくさん作って，たくさん捨てるのです。有名な俳人は，ほぼ多作です。膨大な数の俳句の中からほんの一部が残り，さらにそのうちのわずかが一般に知られているだけです。まして，小学生の授業で名作が生まれることを期待するべきではありません。楽しく，気軽に作れば十分です。

6年「俳句鑑賞文」

岡 篤

〈「何も浮かばない」からのスタート〉

　　柿食へば鐘がなるなり法隆寺　　　正岡子規
(え)

　「この俳句を読んで浮かんだことを書きなさい」と５年生のクラスでいったのが私の鑑賞文実践のはじめでした。返ってきた反応は，「何も浮かばない」でした。

　「なんでも，いいから。短くてもいいから」と促すと，「柿を食べたら鐘がなった」というような文がいくつも出てきました。これでは，少しも広がっていません。少しましなものでも，「ゴーンと鐘がなった」という程度でした。

　俳句は，省略の文学と言われています。短いだけに，読者が想像を膨らませて読んでこそ，価値が高まるものです。文字だけをそのまま読んでも鑑賞とはいえません。

　しかし，このとき想像を広げることも練習が必要だということを感じました。

〈俳人の鑑賞文でリミッター解除〉

　有効だったのは，俳人の鑑賞文を見せることでした。秋山秋桜子という人の上の俳句の鑑賞文を読んで聞かせたところ，「そんなことまで書いていいの？」「めちゃくちゃ，想像広げている！」といった声が続きました。

　子どもたちは，勝手に自分の想像力を規制していたのです。俳人の鑑賞の広さ，深さに触れて，リミッターが解除されたようでした。一気に想像に広がりが出始めました。

〈「お話」を作ってみよう〉

　想像が広がっても，それを文章にすることが難しいという子がたくさんいました。浮かんだことをばらばらに，箇条書きのように書いていくので，自分でもつながりがよく分からないのです。

　そんな子に，「お話のように書いてもいいよ」というと，一気に書きやすくなったようで，筆が進み始めました。

〈限定するから個性が出やすい〉

　お話を書くとなれば，主人公や場面の設定が必要です。それからは，まず，俳句を読んで，登場人物の性別や年齢などを決めることから始めるようにしました。もちろん，干渉する俳句もそれをやりやすいものから選びました。

　すると，一つの俳句というところから始まったにもかかわらず，できあがったお話は，実に個性にあふれたものになりました。

まるごと授業 国語**6**年（上）

つないで，つないで，一つのお話

◉ 指導目標 ◉

・自分が聞こうとする意図に応じて，話の内容を捉え，自分の考えをまとめることができる。
・言葉には，相手とのつながりをつくる働きがあることに気づくことができる。
・進んでつながりを捉えながら話を聞き，見通しをもって話を作ろうとすることができる。

◉ 指導にあたって ◉

① 教材について

　　最初と最後の 1 文を決めておき，その間を 1 人が 1 文ずつつないで一つの文章にします。6 年生の国語学習を始めるにあたっての「言葉の準備運動」という位置づけとなっています。楽しみながらゲーム感覚で取り組ませたい教材です。5，6 人が 2 周で一つの話に作り上げます。最後の 1 文が決まっているので，話がどこへいってもよいというわけにはいきません。初めの 1 周は，自由に思い浮かんだことを文にしてもよいでしょうが，2 周目は，最後の 1 文を意識しながら，そこにつながることをある程度見通した文作りが必要になってきます。

② 主体的・対話的で深い学びのために

　　「聞く」ことは，言語の力にとっても大切な要素の一つです。みんなの 1 文をつないで，一つの話を作り上げるためには，ただ聞くだけではなく，話の脈絡をしっかり捉えながら聞かなければなりません。難しい場合にはメモすることを取り入れてもよいでしょう。

　　また，身振り手振りや笑顔などの非言語のコミュニケーションも大切にして，まずはリラックスした楽しい雰囲気づくりを心がけましょう。そして，みんなで協力することと，文を作ることの楽しさを味わわせて，6 年生の学習の一歩を踏み出させたいものです。

◉ 評 価 規 準 ◉

知識 及び 技能	言葉には，相手とのつながりをつくる働きがあることに気づいている。
思考力，判断力，表現力等	「話すこと・聞くこと」において，自分が聞こうとする意図に応じて，話の内容を捉え，自分の考えをまとめている。
主体的に学習に取り組む態度	進んでつながりを捉えながら話を聞き，見通しをもって話を作ろうとしている。

◉ 学 習 指 導 計 画　　全 1 時 間 ◉

次	時	学習活動	指導上の留意点
1	1	・扉の詩を読み，教科書P6「六年生の国語の学びを見わたそう」を見て，既習事項を確かめ年間の国語学習を見通す。 ・教科書P11「ものの考え方，伝え方」で，情報を整理して伝える言い方を使っていくことを確認する。 ・教科書P12「つないで，つないで，一つの話」の活動の目的と流れを確かめる。 ・最初と最後の1文を決め，グループで2周する間に物語がつながるようにお話を作る。 ・友達とお話を作ってどう感じたか，活動の振り返りをする。	・楽しい雰囲気でできるよう，笑顔や身振り手振りなど非言語コミュニケーションの部分も大切にする。 ・話の脈略を考えながらお話を作ることも大切だが，ゲーム感覚で全員が楽しく取り組めるよう心がける。

つないで，つないで，一つのお話

第 1 時 （1/1）

本時の目標
話し手の1文を聞き，続きのお話を作ることができる。

授業のポイント
始めからグループ全員の話をしっかり聞かせる。考えすぎたり凝りすぎたりしないで，思い浮かんだことを一言で言わせるようにする。

本時の評価
話し手の意図を捉えて，それに合うように，自分のお話を1文で考えている。

板書例

〈認め合い〉 学級が始まったばかりで，まだ緊張感があるでしょう。「いいね」を合言葉に，

〈大切ポイント〉
① 相手の方を向いて話を聞く（正対する）
② うなずき，相づち，笑顔
③ 身ぶり手ぶりでより分かりやすく

このように言える話を作ろう
　→

最初の一文
「むかしむかし，あるところに○○さんと○○さんが住んでいました。」

最後の一文
「めでたし，めでたし」
☆グループ全員で言う

---

1 読む めあて
扉の詩を読み，1年間の学習を見渡そう。本時のめあてと流れを確かめよう。

「扉の詩『想像』を読みましょう。」

学習の構えを作るために，声をそろえ全員で音読する。
ここで心に残った言葉や表現を簡単に出し合わせる。
目次や，教科書P6「国語の学びを見わたそう」，P11「ものの考え方，伝え方」を見て，1年間の学習の見通しをもつ。

「1年間でこんな内容を学んでいきます。たくさんあるようだけど，あっという間に終わってしまいますよ。」

今日はグループで協力して一つのお話を作っていきます。1人ずつ順に1文を言います。次の人は前の人の文の続きになるように考えて1文を言ってください。どんなお話ができるでしょう。

面白そうだけど，難しそうだなあ。

教科書P12を読み，活動のめあてと活動を確かめる。

「前の人の話をよく聞いて，楽しくお話を続けましょう。」

---

2 聞く 話す
グループに分かれて，お話を作ってみよう。

「では，グループに分かれて一つのお話を作りましょう。最初と最後だけは決めておきます。最初は『昔々あるところに～と～が住んでいました。』最後は『めでたし，めでたし』とみんなで言いましょう。つまり，最後がそうなるようにお話を作ります。」

昔々あるところにおじいさんとおばあさんが住んでいました。

おじいさんは山へ洗濯に，おばあさんは家で料理をしていました。

ところが突然おじいさんは山からおりてきました。

洗濯するのに洗濯物を家に忘れて…

5，6人のグループに分かれて輪になり，最初の1文を言う役を決める。（交代にする） 最初は試しに1周だけで取り組ませてもよい。前の人の話の意図を捉え，話す順序を考えて続きのお話を考えさせる。

教科書の例文を使って取り組ませてもよい。

お互いのアイデアを認め合う活動になるようにします。

つないで、つないで、一つのお話

（め）前の人の一文の内容をとらえながら聞き、グループでまとまったお話を作る

◇ 友達と協力して、お話を考えよう
・五、六人のグループで
・一文ずつ順につなぐ
・二周する間に一つのお話を作る

主体的・対話的で深い学び

・あまり難しく考えると楽しさも半減するので思いついたことを言わせるようにし、場合によってはグループで助け合いながら楽しいお話が作れるようにさせたい。
・事前に下品な話にしないこと（みなが嫌な気持ちにならないような話にすること），1人の話が長くなりすぎないようにすること，なども伝えておくとよい。

準備物

・昔話の本を何冊か（誰もがよく知っているようなものを準備し、お話づくりのヒントとしてもよい）

3 発表する 交流する できたお話をみんなに発表しよう。

「では，順番に，できたお話を発表しましょう。」

昔々あるところに赤鬼と青鬼が住んでいました。

赤鬼と青鬼は恐ろしい顔をしていましたが，実は心優しい鬼たちでした。…

めでたしめでたし！

「お話を聞いた感想を言いましょう。」
・みんな，ぜんぜん違うお話になっているね。
・○○のお話は，意外で面白かったです。
・△△さんは大きな声に楽しい身振りで聞いていて楽しくなりました。

　お話を作るグループ活動のときや，作ったお話を発表する全体交流のとき，身振り手振り，笑顔やうなずきなど非言語コミュニケーション部分も取り上げてほめるようにする。クラスの大切なポイントとして最初の授業で確かめ合わせておく。

4 振り返る 対話する 友達とお話を作ってどう感じたか，活動を振り返ろう。

やってみてどうでしたか。感想を言って下さい。

最初は難しいかなと思ったけれど，やってみると，とっても面白かったです。

□□くんが突然話を変えてきたのでびっくりしたけど，まとめるのが楽しかったです。

・話す人をよく見て聞き逃さないように気をつけたら，話をうまくつなげられてよかった。
・みんなで話を考えると，自分だけでは考えられない展開になって面白い話が出来上がったのが楽しかった。

　6年生の国語，最初の授業なので自由に「楽しかった」「面白かった」などの発表を出し合わせたい。
　教師は，ここでも身振り手振りや身を乗り出して聞く姿勢などがよかった児童をほめるようにする。また，ここでの聞く姿勢がよい児童も取り上げてほめておく。全員をほめることができれば，なおよいだろう。

春の河／小景異情

◉ 指 導 目 標 ◉

・これまでに身につけてきた音読の技能をいかして，詩を音読することができる。
・詩の全体像を具体的に想像したり，表現の効果を考えたりすることができる。
・音読の技能をいかすことに進んで取り組み，互いの表現の意図に応じて詩の音読について感想を交流しようとすることができる。

◉ 指 導 に あ た っ て ◉

① 教材について

　『春の河』も『小景異情』も反復法を用いた詩です。言葉から情景を描いていくことを楽しみましょう。
　『春の河』では「あふれてゐ（い）る」が反復法で強調されています。主語は「春」です。「春」があふれているとはどのような情景でしょうか。「小さな川々」とあるので，「春の小川」を連想しそうですが，題名は「春の河」。「川」と「河」の違いを考えてみましょう。「河」は広く大きな流れです。小さな川々まであふれている「春」があふれて大きな「河」（春の河）になっていることをイメージさせることを目指しましょう。
　『小景異情』（ちょっとした風景から感じた少し変わった思い，という意味）は「その一」から「その六」まであり，教科書の文は「その六」です。「ふるさとは遠きにありて思ふもの」で始まる「その二」が最も有名です。「その六」は，それまでの「その一」から「その五」までがネガティブな感情を詠んでいるのに対して，ポジティブな印象を与えます。「あんず」の花（初春に咲くウメに似た花）はまだついていません。それでも「花着け」と反復法で強調し，「燃えよ」とまで表現している語り手は，「あんず」に一体何を託しているのでしょうか。教科書は「その六」のみの掲載ですから，児童が自由に想像できればそれでよいでしょう。
　尚，もともと最後に「ああ　あんずよ花着け」の一行がありましたが，全詩集版では作者本人が削除しており，教科書はそれにそっています。

② 主体的・対話的で深い学びのために

　まずは，二つの詩を読みとくための「視点」として，「反復法」の役割を学習します。すると，児童はこの「視点」を得ることで，詩を主体的により深く味わおうとしていきます。「反復法」が何かを強調するための表現技法であること，そして，何を強調しているのかを考えるのが大切だということを授業冒頭でしっかり押さえれば，児童は自分たちで深い学びをつくっていくでしょう。
　（「春の河」では「あふれている」の反復で，春があふれている情景を強調，「小景異情」では「あんずよ花着け」の反復で，あんずに託す語り手の思いを強調していると解釈しています。）

◉ 評 価 規 準 ◉

知識 及び 技能	これまでに身につけてきた音読の技能をいかして，詩を音読している。
思考力，判断力，表現力等	「読むこと」において，詩の全体像を具体的に想像したり，表現の効果を考えたりしている。
主体的に学習に取り組む態度	音読の技能をいかすことに進んで取り組み，互いの表現の意図に応じて詩の音読について感想を交流しようとしている。

◉ 学 習 指 導 計 画　　全 1 時 間 ◉

次	時	学習活動	指導上の留意点
1	1	・「春の河」「小景異情」を読む。 ・「春の河」で，春があふれている様子をイメージする。 ・「小景異情」で語り手が「あんず」に託している思いを考える。 ・「反復法」の役割をまとめる。 ・読み取ったことをいかして音読する。	・どちらも強調表現として反復法が用いられていることをおさえる。 ・反復表現から，あふれているものは何かに注目させ，どんな様子かを考えさせる。また，「川」と「河」のちがいに気づかせ，「春」が「河のように広がっていること」をイメージさせる。 ・「あんずよ花着け」の反復表現や，「燃えよ」という表現から，語り手の強い思いを読み取らせる。 ・そのうえで，「あんずの花にこれだけ強い思いを持っていることを（あなたたちは）どう思うか」を問う。

※教科書では，詩の後に『続けてみよう』として『気になるニュースを集めよう』(P16) という学習が出ています。これを，この１時間で詩といっしょに学習するのは，学習内容から見て，また時間的に見ても難しいと考えられます。本時とは別に学習時間を設けて取り上げた方がよいでしょう。

📀 収録（画像）※本書 P32，33 に掲載しています。

春の河／小景異情

第 ❶ 時 （1/1）

本時の目標
反復法の意味を知り，二つの詩が表現する情景をイメージして音読することができる。

授業のポイント
まず二つの詩に共通している「反復法」の意味を分からせ，そのうえで，それぞれの詩が強調しようとしているものが何かを考えさせる。

本時の評価
反復法が強調表現であり，二つの詩がそれぞれ強調しているものを考え，音読している。

板書例

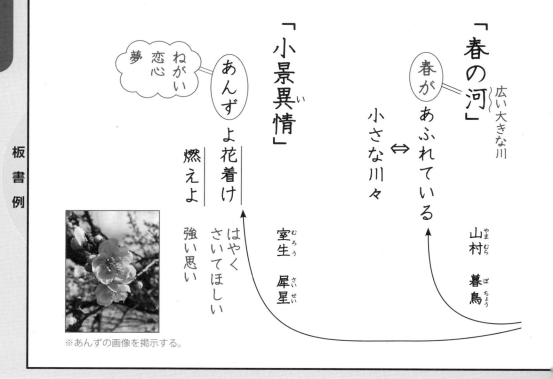

〈音読〉二つの詩が表現している情景を想像しながら，音読できるようにします。音読を工夫し，

「春の河」　広い大きな川

春が　あふれている ⇔ 小さな川々

山村　暮鳥

「小景異情」

あんずよ花着け　はやく　さいてほしい　強い思い

燃えよ

ねがい　恋心　夢

室生　犀星

※あんずの画像を掲示する。

---

1 音読する／知る　　二つの詩を音読しよう。「反復法」の意味を知ろう。

『春の河』『小景異情』の二つの詩を読みましょう。

「あふれてゐる」が繰り返されているなあ。

あんずってどんな花だろう。

まず範読し，その後，斉読させる。

「二つの詩に共通している表現は何ですか？」
・同じ言葉が繰り返されていることです。
「同じ言葉を繰り返すことを反復法と言います。どんな意味があるでしょう？」
・リズム感が出ると思います。
・その言葉を強調していると思います。

「反復法は，リズム感を出し，また，何かを強く伝えるときに使います。」

---

2 想像する／対話する　　『春の河』の情景をイメージしよう。

「『春の河』では何を強調しているのでしょうか？」
・「あふれている」が強調されています。
「では，あふれているのは何ですか？」
・「春」です。

『春があふれている』とはどういうことでしょう。

小さな川々まで，どこを見ても春らしい様子だということじゃないかな。

春の花がさいていたり，魚が気持ちよさそうに泳いでいたりする感じかな。

「『川』と『河』ではどう違いますか？」
・「河」のほうが大きくて広い感じがします。
「題名の『春の河』とはどういう意味でしょう？」
・小川に春がたっぷりとあふれて，大きな春の河になっている様子を思いうかべました。

「たっぷりと」が倒置法であることに触れてもよい。

その意図を交流しましょう。

詩を楽しもう

春の河・小景異情

め　表現から気づいたことをいかして
　　詩をイメージし、音読しよう

くり返し ＝ 反復法　強める

・あふれてゐる
・あんずよ花着け

・題名『春の河』の意味を考える場面，「あんず」に込められた思いを考える場面では，深い思考を促すために考える時間をとる。すぐに発言しようとする児童にもじっくり考えるよう促す。
・1人で考えるのが難しそうなら，隣の席の児童と話し合わせる対話的な活動を入れてもよい。

準備物

・（あれば）あんずの花の実物，または，画像
　（📀 収録【6_02_01～6_02_04】）

---

❸ 想像する 対話する　『小景異情』の情景をイメージしよう。

「『小景異情』では何を強調しているのでしょうか？」
　・「あんずよ花着け」が繰り返しで強調されています。
「『あんず』は春の初めにウメに似た花をつけます。そこからどんなことが分かりますか？」（花の実物，または画像を見せる）
　・春が待ち遠しい思いが分かります。
「『あんずよ燃えよ』はどうですか？」
　・思いがさらに強くなっています。激しい感じです。
　・ただ花が咲くのを待っているだけじゃなさそうだね。

単にあんずの花が咲くのを待っているだけでないのが分かりますね。あんずにどんな思いが込められていると感じましたか？

あんずの花に何か願いや夢をこめているのかな。

わたしは，あんずのかわいいピンク色の花を見て，「恋心」かと思った。

自由に想像させ，それぞれが考えたことを交流する。

❹ まとめ 音読する　反復法の役割をたしかめて音読しよう。

「『反復法』にはどんな意味がありましたか？」
　・リズム感を出す意味があります。
　・その言葉を強調する意味があります。

繰り返している言葉に注目して読んでみて，みなさんはどのようなことを感じましたか？

『春の河』は，どんなところにも春を感じられるぐらいの，春いっぱいの様子が強調されていると思いました。

『小景異情』は，早く花が開いて春が来てほしいという作者の強い思いを感じました。

　『春の河』では，いたるところに春の陽気が満ちていること，『小景異情』では，語り手が強い思いを持って春を望んでいることを押さえたい。

「感じたことをいかして音読してみましょう。」

帰り道

全授業時間 4 時間

◉ 指導目標 ◉

- 登場人物の相互関係や心情などについて，描写を基に捉えることができる。
- 人物像や物語などの全体像を具体的に想像することができる。
- 自分の思いや考えが聞き手に伝わるように文章を音読することができる。
- 進んで視点の違いに着目して心情などを捉えて読み，学習の見通しをもって感想を書いて伝え合おうとすることができる。

◉ 指導にあたって ◉

① 教材について

　『帰り道』は，単元名通り，同じ出来事を二人の視点人物から語られた物語です。「律」は周囲のテンポについていけず，思っていることが言えないと，「周也」は沈黙に耐えられず軽い言葉をぺらぺらとしゃべってしまうと，自分のことを捉えています。重要なのは，この見方がそれぞれ「自分から見た自分」を語っているという点です。相手からは違った見え方をしています。「律」は「周也」をどんなこともテンポよく乗りこえて，ぐんぐん前へ進んでいく，追いついて肩を並べたい人物として見ています。「周也」は「律」を自分にはない落ち着きと余裕を持った人物として見ています。この，自分と相手との見え方の違いが，人物像を立体的に浮かび上がらせます。自分にはないものを持つ相手に憧れに近い感情を抱きながら，その相手に届く言葉を探しあぐねている姿は，対照的に見える二人に共通した部分です。そして，突然の天気雨をきっかけに，二人は互いに「通じ合った」という瞬間を共有します。思ったことを言葉にできた「律」と，それに沈黙で返した「周也」。普段とは逆転した立場でのやりとりの中で，二人はその瞬間を同じような晴れ晴れとした思いで共有したのです。

② 主体的・対話的で深い学びのために

　「視点のちがいに着目して読み，感想をまとめよう」とあるように，この作品では「律」と「周也」それぞれの視点から同じ出来事がえがかれています。

　わたしたちには，自分の視点しかありません。他者が同じ出来事をどう捉えているかは分かりません。想像することしかできません。ですが，物語なら，二人の視点から見てその出来事がどうだったのかが分かるのです。こんなにおもしろいことはありません。その視点の違いを存分に楽しませたいと思います。

　そのときに，大事になってくるのは，一方の視点をしっかりと読むことで，もう一方の視点に出会えるということです。ここでは，第一時から「律」と「周也」両方の視点を読むのではなく，まずは「律」側を読み，出来事の流れや思いを律の視点を捉えます。その前提ができた上で，「周也」側に出会うことで，それぞれにとっての出来事の意味を考えることができるでしょう。

◉ 評価規準 ◉

知識 及び 技能	自分の思いや考えが聞き手に伝わるように文章を音読している。
思考力，判断力，表現力等	・「読むこと」において，登場人物の相互関係や心情などについて，描写を基に捉えている。 ・「読むこと」において，人物像や物語などの全体像を具体的に想像している。
主体的に学習に取り組む態度	進んで視点の違いに着目して心情などを捉えて読み，学習の見通しをもって感想を書いて伝え合おうとしている。

◉ 学習指導計画　全 4 時間 ◉

次	時	学習活動	指導上の留意点
1	1	・題名を読み，自分の帰り道の様子を出し合う。 ・「律」の視点からえがかれた第一章を読む。 ・できごとの流れを確認する。 ・「律」の視点からの「律」「周也」それぞれの人物像を考え交流する。	・ここでは帰り道の楽しさやつまらなさなど自分の体験を出し合い，交流させる。 ・1時間ですべて読むと児童には情報が多い。まず第 1 章だけを読み，出来事の流れをおさえたい。 ・第1章の「律」の語りの中で，「周也」について，「律」自身について書かれている部分を探し，それぞれがどんな人物なのかを考えさせる。
	2	・「周也」の視点からえがかれた第 2 章を読む。 ・「周也」の視点からの「律」「周也」それぞれの人物像を考え交流する。 ・自分は「律」と「周也」をどう思うか，考えを交流する。	・第 2 章の「周也」の語りの中で，「律」について，「周也」自身について書かれている部分を探し，それぞれがどんな人物なのかを考えさせる。 ・第 1 章は律，第 2 章は周也の語りであることをおさえ，どちら側からも読める自分はその二人をどう思うか，考えさせたい。
	3	・「律」と「周也」の沈黙と言葉，会話についてまとめる。 ・全文を通したまとめの感想を書く。	・お互いの沈黙と会話を整理することで，それぞれの内面，分からないゆえのすれ違いを整理し，二人の関係の変化を考えさせる。 ・まとめの感想は「内容について」と「書かれ方について」に分けて書かせる。
	4	・感想を交流する。 ・読み取ったことをいかして音読する。 ・学習を振り返る。 ・本の紹介を聞く。	・「内容について」と「書かれ方について」それぞれでまとめの感想を交流させる。 ・ペアで音読する人と聞く人に分けて，聞き手を意識しながら音読できるようにする。

📀 **収録（児童用ワークシート見本）** ※本書 P43「準備物」欄に掲載しています。

帰り道

第 1 時 （1/4）

本時の目標
第 1 章を読み，律の視点から
みえる律と周也の人物像を考え
ることができる。

授業のポイント
最初から全文を読むのではな
く，まず第 1 章の律の視点か
らのみを読んで，出来事や律と
周也の人物像を考えさせる。

本時の評価
律の視点からみえる律と周也
の人物像を考えることができ
ている。

板書例

〈状況把握〉いつ，どこで，誰が，何をして，どうなったのかを時系列で整理します。読むことが

〈できごと〉

昼休み	
律	「どっちが好き」ゲーム
	うまく答えられない
周也	イラついた目でにらんだ

帰り道	
律	困っている
周也	いつも通り
	一緒に帰ることに

突然の雨

律　思いを伝えることができた

周也　言葉はない　うなずく

〈律から見てどんな人？〉

周也 「どんなことでもテンポよくのりこえる」
「ぐんぐん前へ」

律 「ついていけない」
「すぐに止まっちゃう」

※児童の発言に合わせて書く。

---

1 めあて つかむ　どんなことを学習するのか確かめよう。

「今日から『帰り道』という物語を読んでいきます。」
　教科書 P17 の学習課題と 4 行のリード文を読む。

「みんなは，どんな帰り道の時間を過ごしていますか。」
・だいたい決まった友達と話をしながら帰ります。

> 学習のめあては『視点のちがいに着目して読み，感想をまとめよう』です。

> 「律」と「周也」の二人が登場人物なのかな。

> 読んだら，感想を書くんだね。

> 「視点のちがい」ってなんだろう…。

　教科書 P30 下の 「視点」 の用語説明を確かめる。
・「物語などで，語り手がその作品をどこから見て語って
　いるかということ」と書いてあります。

「この物語は『1』と『2』の二章に分けられて書かれてい
ます。語り手は，『1』は『律』の立場で語っていて，『2』
は『周也』の立場で語っています。」

2 聞く 読む　登場人物や場面の様子を想像しながら「1」の範読を聞こう。

「今日は，『1』の『律』の視点で語られているものを読んで，
考えていきましょう。」

> 登場人物や場面の様子を想像しながら聞きましょう。

　まず，教師が範読する。
　1 時間で全て読むと，児童には情報が多い。この時間は「1」
だけを読み，出来事の流れをおさえたい。

「『1』を読んでどんなことを思いましたか。」
・なんで雨にふられたら仲直りできたのかな。
・律が雨のおかげで乗り越えられて，自分の思いを言うこ
　とができてよかったと思います。

　ここでは，自由に感想を出し合わせる。

主体的・対話的で深い学び

・一方の視点をしっかりと読むことで，もう一方の視点に出会うことができる。第1時から「律」と「周也」両方の視点を読むのではなく，まずは「律」側を読み，出来事の流れや思いを律の視点で捉える。

準備物

《学習課題》

帰り道

視点 のちがいに着目して読み、感想をまとめよう

＝ 語り手がその作品をどこから見て語っているか

め 律の視点で読み、律と周也の人物像を考えよう

1 律の視点

---

3 整理する / 読み取る　起こった出来事を整理しよう。

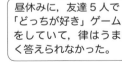
『1』ではどんなことがありましたか。時間で最初から整理してみましょう。

昼休みに，友達5人で「どっちが好き」ゲームをしていて，律はうまく答えられなかった。

周也は律に怒ってしまった。イラついた目でにらんだ。

・周也の野球の練習がなくなって一緒に帰ることになってしまった。周也はいつも通り。律は困っている。
・突然雨が降ってきて，律は自分の思いを周也に伝えることができた。
・周也はうなずいた。めずらしく言葉がない。

　　順を追って時間で出来事を整理し，大体のあらすじを全員でおさえる。

---

4 読み取る / 対話する　律の視点から，律と周也の人物像を考えよう。

律の視点から見る，周也と律はどんな人だと思いますか。理由も教えてください。まず，周也は？

周也は，「どんなことでもテンポよく乗りこえ」「ぐんぐん前へ」とあるので，頼もしいリーダー的存在のようだと思っている。

背が「ぐんと高くなって，足どりもたくましい」から，自分より成長が早く，しっかりしている。

「では，律は自分自身をどんな人だと思っていますか。」
・みんなのぽんぽん答えるテンポに「ぼくだけついていけない」ところから，自分だけテンポが違って残念だなと思っている。
・「どうして，すぐに立ち止まっちゃう」から，自分も同じように行動したいのにできない，と考えている。

　　自由に出し合わせる。ただし，文章にある叙述をもとに考えさせ，そこから離れないようにする。

「次の時間は『2』の『周也』の視点から語られているものを読みます。」

本時の目標

第2章を読み，周也の視点からみえる律と周也の人物像を考えることができる。

授業のポイント

律からの語りをしっかり考えた上での本時。ここでは，周也の視点からのみを読むことで，できごとや律と周也の人物像が深まることを目指す。

本時の評価

周也の視点からみえる周也と律の人物像を考えることができている。

板書例

〈状況把握〉前時の律の視点と比較することによって，2人の捉え方の違いを明確にすることが

帰り道

一緒に帰ることに

律　休みだと思っていた
　　周也はいつも通りのおしゃべり

周也　わざわざ休んだ
　　気まずいちんもくにたえられ
　　なくてしゃべっていた

突然の雨

律　思いを伝えることができた

周也　心て賛成　言葉にできない

〈周也から見てどんな人？〉

律　「よゆうが見てとれる」
　　「落ち着きっぷり」

周也　「ちんもくが苦手」「そわそわ」
　　「ぺらぺらとよけいなことばかり」
　　「ぼくの言葉は軽すぎる」

※児童の発言に合わせて書く。

---

1 振り返る 聞く・読む

登場人物や場面の様子を想像しながら「2」の範読を聞こう。

「前の時間は，『1』の律の視点のものを読みましたね。」

「1」を読み，前時の振り返りをする。

「今日は『2』の『周也』の視点からのものを読みます。」

登場人物や場面の様子を想像しながら聞きましょう。

周也の視点からみると，話が全然違って見えてきた…。

「2」を範読する。

「『2』を読んでどんなことを思いましたか。」
・律の思いと周也の思いが違ってびっくりした。
・律から見たら周也は気にしていなさそうだったのに，周也も気にしていた。
・そのために，野球の練習を休んで待ちぶせをするぐらいだったんだ。

2 読み取る 対話する

「1」と「2」，それぞれの視点から違いを見つけよう。

律の視点から読んだときと，周也の視点から読んだときの違いはなんですか。

律はにらまれたと思っていたけど，周也は軽くつっこんだつもりだったと知って驚きました。

・周也は仲直りしたくて，野球の練習を休んだのに，もともと休みのように言ったら律には伝わっていない。
・律は周也のおしゃべりはいつも通りだと思っていたけど，周也は気まずいちんもくに耐えられなくて，しゃべっていた。
・律は周也が返事をしない自分に白けてだまったと思っていたけど，周也は母親の小言からいろいろ考えていたら言葉が出なくなっただけだった。

できます。

主体的・対話的で深い学び

・一方の視点をしっかりと読むことで，もう一方の視点に出会うことができる。第1時から「律」と「周也」両方の視点を読むのではなく，まずは「律」側を読み，できごとの流れや思いを律の視点で捉える。そのうえで本時での「周也」側を読むことで，よりそれぞれの人物像を深く捉えることができる。

準備物

帰り道

め　周也の視点で読み、
周也と律の人物像を考えよう

2 周也の視点

〈できごと〉

昼休み

「どっちが好き」ゲーム
律　　にらまれたと思った
周也　軽くつっこんだつもり

---

3 読み取る 対話する　周也の視点から，律と周也の人物像を考えよう。

周也の視点から読むと，周也と律はどんな人だと思いますか。理由も教えてください。

周也は自分のことを，誰かといる時のちんもくが苦手で，そわそわして，何か言おうといつもあせってしまうと考えています。

それに比べて，律のことを「ちんもくなんてちっとも気にせず，いつだって，マイペース」だと思っています。

・周也は「はっきりしない律」と感じる時がある。
・律のことは，他に，「おっとりと」「よゆうが見てとれる」「ぼくにはない落ち着きっぷり」などとあるから，自分にないよさを感じているようだ。

「では，周也自身についてはどうですか。」
・「ぺらぺらとよけいなことばかり」「ぼくの言葉は軽すぎる」などから，自分のおしゃべりがむだなものかもしれないと考えている。

　　　全体で自由に出し合わせる。

---

4 対話する　読者の視点から，律と周也の人物像を考えよう。

「この物語は同じできごとを，『1』では律の視点から，『2』では周也の視点から語っています。読者であるわたしたちは，どちら側からも読めます。」

　　　「1」は律，「2」は周也の語りであることをおさえる。

「では，『1』と『2』を読んで，両方を知ったうえで自分は律と周也のことをどう思いますか。グループで話し合ってみましょう。」

律は周也と比べて自分に自信がない感じだったけれど，実は周也も律と比べていたから，似た者どうしだと思った。

律から語られていたときは正反対の性格みたいだったけど，周也側を読むと，印象が変わった。

　　　律と周也，どちら側からも読める自分はその2人をどう思うか，話し合わせ，2人の人物像を深めたい。

帰り道

第 **3** 時 （3/4）

本時の目標
律と周也の関係の変化を，「言葉」や「雨」の描写から捉えて考えることができる。

授業のポイント
二人の関係の変化を読むときに，「1」と「2」すべて読むのは大変なので，ここでは「言葉」と「雨」にしぼって考えることとする。

本時の評価
律と周也の関係の変化を考え，それをまとめの感想にいかしている。

板書例

〈まとめの感想〉2人の関係の変化を捉え，まとめの感想を書きます。書く視点を共通理解して

◇ まとめの感想を書こう

〈観点〉
・内容について
・書かれ方について

〈雨の意味〉

律 … 悩みを消す　洗い流す

周也 … 律がいっしょに笑ってくれた

※児童の発言に合わせて書く。
意味づけは自由でよい。

周也…ぼくの言葉は軽すぎる
うまく言葉にできない

初めて律の言葉をちゃんと
受け止められたのかもしれない ←

---

1 読み取る・書く　二人の会話文を探して抜き書きしよう。

「これまで『1』の律の視点と，『2』の周也の視点とから，それぞれ話を見てきましたね。」

前時の振り返りをする。

「今日は律と周也の会話に注目して考えていきましょう。」

「律と周也が帰り道でどんな会話をしていたか，抜き出しましょう。」

ノートに「1」と「2」の帰り道での会話文を整理させる。

まず，最初の会話文「あれ。周也，…」は，律の言葉だね。

そうだね。それに答えた「今日はなし。…」は周也の言葉。

それから，周也の言葉がいくつも続く。

それぞれの側からは書かれていない会話もあるので，両方から整理する。

2 対話する　二人それぞれにとっての「言葉」についての考えを話し合おう。

「律と周也はそれぞれ，『言葉』や『言葉にすること』についてどんな思いや考えがありますか。グループで話し合いましょう。」

律にとってどんな思いがあるかを，まず考えてみましょう。

言葉がなくても分かってもらえた気がしたところは，律は周也のことを信じられるようになったんだね。

言葉にできたら周也と肩を並べられるということは，言葉にできる人が優位に立っていると考えている。

「では，周也にとってはどうでしょう。」
・軽すぎる言葉をむだに打ちすぎだと思っている。
・いい球が投げられないというところから，周也自身はうまく言葉にできているとは考えていない。
・最後は初めて言葉にできなくても分かり合えたね。
・言葉を投げそこなったけど，初めて律の言葉をちゃんと受け止められたような気がしている。

から取り組むと，苦手な児童も書きやすくなるでしょう。

```
帰り道

め  律と周也の関係の変化を考えよう

〈言葉・言葉にすること〉

律…言葉にできたら、周也と肩を
    並べられる
    言葉がなくてもわかってもらえた  ←
    気がした
```

🔍 主体的・対話的で深い学び

・律の視点から語られている「1」と周也の視点から語られている「2」では，登場する会話が違う。それをまず整理することで，二人にとっての言葉や沈黙を考える土台をつくる。
・二人の関係の変化を読むときに，ポイントとなるのはそれぞれが「言葉」についてどう捉えているかと，降り出した突然の「雨」の意味をどう考えるかになる。ここではその2つの課題に絞って取り組ませたい。

準備物

3 交流する　律と周也それぞれにとっての雨の意味を考えよう。

降り出した雨はそれぞれにとってどんな意味があったのでしょう。まず，律にとってはどうでしょう。

律は，「プールの後に浴びるシャワー」を思い浮かべています。シャワーが悩みを洗い流してくれたみたいです。

「みぞおちの異物が消えていた」とあるから，悩みが消えたのかな。ちっぽけな悩みに思えたのかも…。

「では，周也にとっては，どう見えて，どんな意味があったのでしょう。」
・周也にとっては，大つぶの水玉が無数の白いピンポン球みたいにうつった。
・それが，自分がむだに放ってきた球の逆襲に思えて思わず飛び上がってしまった。
・話しかけても律が答えてくれなかったのに，雨が降ったことで二人して暴れて一緒に笑えたから，心が近づいたと思う。

　　自由に出し合わせ，全体で交流する。

4 まとめ書く　観点を決めてまとめの感想を書こう。

「律からの語りと周也からの語りを両方読んできたうえで，まとめの感想を書きます。」

「内容についてと書かれ方について，分けて書いてみましょう。」

内容について，律は周也と比べて自分に自信がない感じだったけれど，実は周也もそうだった。それぞれがお互いのいいところを認めている，いい友達関係だと思った。

書かれ方について，「1」と「2」に分けて，同じ出来事を二人の視点からみるのが面白かった。…

・律から語られていたときは，二人は正反対の性格みたいに思えたけれど，周也側を読むと，律も周也も印象が変わりました。それは，「1」と「2」という構成でそれぞれの視点で書かれているから，感じられたことだと思います。

帰り道

第 4 時 （4/4）

本時の目標
まとめの感想の交流を通して，考えを広げる。
読み取ったことをいかして音読をする。

授業のポイント
まとめの感想の交流を，「内容について」「書かれ方について」と分けて整理しながら取り組ませる。

本時の評価
まとめの感想の交流を通して，自分の考えを深めている。
読み取ったことをいかして音読をしようとしている。

板書例

〈書かれ方について〉
・律の視点　周也の視点
・共通点　ちがう点
　　　　　　※

〈感想を聞いて思ったこと〉
・同じ思い
・ちがう点　→　おもしろい
　　　　　　　　※

☆ 登場人物の心情を想像しながら読む

◇ 読み取ったことをいかして音読しよう

◇ 視点や構成に着目して本を読もう
　『なみだの穴』
　『糸子の体重計』
　『流れ星キャンプ』

〈並行読書〉図書室をうまく活用し，教科書に紹介されている本を並行読書します。教師が

---

1 知り合う／交流する　内容についての感想を知り合おう。

前時の振り返りをする。

「まとめの感想について知り合います。まずは，内容についての感想を知り合いましょう。」

律と周也が分かりあえたのは，一緒に笑い合えたからだと思います。

何気なく話している言葉が，相手には自分が考えたこととは違う意味でとられてしまうことがあるのだと思ったら，気をつけなくてはいけないと思いました。

・わたしも律と同じで，言葉がテンポよく出てこないから律の気持ちがよく分かります。時には自分の思いをはっきり言わないといけないなと思いました。

　前時に書いたまとめの感想の「内容について」を交流する。それぞれの感想について思ったことを出し合う。全体でするのが難しい場合はグループで取り組んでもよい。

---

2 知り合う／交流する　書かれ方についての感想を知り合おう。

「この物語は書かれ方が特徴的でした。書かれ方についての感想を知り合いましょう。」

自分から見たら相手の気持ちが分からないけど，この物語は相手側が分かるのがおもしろいと思いました。

今まで，物語を読むときに視点のことなんて考えたことがなかったけれど，今度読むときはだれの視点で書かれているのかに注目してみようと思いました。

・笑い合った後の律の言葉は，自分ではしどろもどろだと思ったけど，周也は律が「ひとみを険しくして」言ったと感じたのが，対比できておもしろかったです。

　前時に書いたまとめの感想の「書き方について」を交流する。それぞれの感想について思ったことを出し合う。全体でするのが難しい場合はグループで取り組んでもよい。

何回かに分けて，読み聞かせするのも効果的です。

◇ 感想を交流しよう

め まとめの感想を交流しよう

帰り道

〈内容について〉
・律と周也の関係
・それぞれの思い
・言葉にすること
※

※児童の発言に合わせて書く。

主体的・対話的で深い学び

・まとめの感想を書いて終わるのではなく，友達の書いたものを読み合うことで，読みが深まっていく。最後の時間には必ず感想を交流させたい。
・一人ずつの感想をきいたあとには，それぞれが思ったことを出し合うことで，違いをはっきりさせたり，思いを深めたりすることができる。同じものについていろんな考え方に出会わせるためにも，できればクラス全体で取り組みたい。

準備物
・教科書 P33「この本，読もう」で紹介されている本を何冊か
・読書記録用紙
（児童用ワークシート見本 DVD 収録【6_03_01】）

---

3 交流する 音読する
感想を聞いて思ったことを出し合おう。読み取ったことをいかして音読しよう。

「『内容』と『書かれ方』のそれぞれについて，<u>友達の感想を聞いて，思ったことや感じたことを発表しましょう。</u>」

○○さんが，これからは自分が話をするとき，人にどんな意味でとらえられるかも考えなくてはいけないと言っていたのを聞いて，自分も同じように気をつけようと思いました。

△△さんの，同じ出来事を2つの視点から対比してみる見方が，ぼくとは違っていたけれど，おもしろいと思いました。

それぞれが思ったことを出し合うことで，<u>違いをはっきりさせたり，思いを深めたりさせる。</u>

<u>「読み取ったことをいかして，登場人物の心情を想像しながら，まとめの音読をしましょう。」</u>

ペアで音読する人ときく人に分けて，<u>聞き手を意識しながら音読できるようにさせる。</u>

4 振り返る 知る
学習を振り返り，視点や構成の工夫がされた本を知ろう。

教科書 P31「ふりかえろう」，P32「たいせつ」を読み，学習を振り返る。

『帰り道』のように，視点や構成を効果的に用いた物語はたくさんあります。教科書 32 ページにも何点か紹介されています。<u>読んでみるといいですね。</u>

『なみだの穴』っておもしろそう。

ぼくは星が好きだから『流れ星キャンプ』を読んでみたいな。

教科書に取り上げられている本の紹介をする。図書室の先生と連携して，他にも視点や構成の工夫がされている本があれば紹介したい。
<u>学級に置くなど，児童が手にとりやすい工夫もしたい。</u>
教科書 P33 のような読書記録（または学校指定のもの）をつけていくことにするとよい。

本は友達

地域の施設を活用しよう

全授業時間 1 時間

◉ 指 導 目 標 ◉

・日常的に読書に親しみ，読書が，自分の考えを広げることに役立つことに気づくことができる。
・読書生活に関わる地域の施設に関心をもつとともに，目的に応じて進んでそれらを活用しようすることができる。

◉ 指 導 に あ た っ て ◉

①　教材について

　　地域にある施設はどのようなものがあるのかについて関心をもち，必要な時にその施設を活用することができるのを知るのに適した教材です。

　　日常的に読書に親しむため，記録カードを使って読書の記録を取り入れます。「本は心の栄養である」という言葉があります。読書をしている人は，成長している人です。読書をすることで，心の成長が加速していきます。また，本は，先人の知識知恵の塊です。児童にとって読書に親しむきっかけとしてふさわしい教材です。

②　主体的・対話的で深い学びのために

　　「読書の記録」カードを取り入れることで，児童は読書を継続して取り組むことができるでしょう。そのためにも，読書をすることのよさを児童と確認することが大切です。そして，どのような本をこれまで読んだのかが分かるように，読書の記録を書くことを意識させるのです。読書のよさについてグループ対話を取り入れることで，読書に前向きに取り組むことになるでしょう。

◎ 評 価 規 準 ◎

知識 及び 技能	日常的に読書に親しみ，読書が，自分の考えを広げることに役立つことに気づいている。
主体的に学習に取り組む態度	読書生活に関わる地域の施設に関心をもつとともに，目的に応じて進んでそれらを活用しようとしている。

◎ 学 習 指 導 計 画　　全 1 時 間 ◎

次	時	学習活動	指導上の留意点
1	1	・教科書 P34 – 35 を読み，自分たちの地域にどんな施設があるか，それぞれどんなときに活用できるかを確かめる。 ・「記録カード」の例を参考に，調べて分かったことの記録のしかたを知る。 ・学習のまとめをする。	・地域の地図やインターネットの地図機能を活用して，どんな施設があるのかを調べる。地域に施設がない場合もあるため，その場合は，市町村レベルで探してもよい。 ・実際に，学校図書館などで何かを調べて記録カードに書いてみるとよい。 ・「読書の記録」カードを継続して取り組むと，年間を通して学校図書館の活用ができる。他教科での調べ学習にも活用できるため，学年で取り組むとよい。 ・目的に応じて地域の施設等を活用すること，調べて分かったことを記録していくことに意欲をもたせる。

📀 収録 （児童用ワークシート見本）

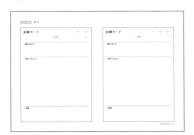

地域の施設を活用しよう

第 1 時 （1/1）

本時の目標
読書生活に関わる地域の施設に関心をもつとともに，目的に応じて進んでそれらを活用しようすることができる。

授業のポイント
年間を通じて，読書の記録カードに取り組むきっかけをつくる。地域の施設についても調べ，必要に応じて活用できるようにする。

本時の評価
日常的に読書に親しみ，読書が，自分の考えを広げることに役立つことに気づいている。

板書例

〈記録〉読了した本の記録を書くことで，記憶に残りやすくなります。また，本から学んだことを

◇ 調べて分かったことを書き留めておこう

〈読書の記録カード〉

日付	読んだ本	作者・筆者
4月23日	どうぶつさいばん ライオンのしごと	竹田　実

《ひとこと》

ヌーの母親を……

おすすめ度 ★★★★☆

※教科書 P33 のカード

〈記録カード〉

記録カード　　　　（　4月25日　）
（　名前　）

・調べること

・分かったこと

・出典

※教科書 P35 のカード

① 読み終わった日付
② 読んだ本の題名
③ 作者・著者
④ 読んだ一言感想
⑤ おすすめバロメーター（五段階評価）

---

1 調べる　地域の施設について調べよう。

地域にある施設はどんなものがあるか知っていますか。

わたしは，○○図書館にお母さんと週末によく行くよ。

3年生の時に地域の資料館に行ったよ。

　　学校の周辺に施設があれば，校区の地図を示してどんな施設があるのかを調べさせる。また，校区になければ，市町村レベルに引き上げ，どのような施設があるのかを調べさせる。

「どんな時にこのような施設を利用するとよいでしょうか。」
・図書館は，何か調べるときに便利です。
・動物園は，動物の絵を描くときやどのような生活をしているのか，どのような様子なのかを調べるときに活用できます。

---

2 確かめる 対話する　記録カードの書き方を確かめよう。読書するよさについて話し合おう。

「調べて分かったことを書き留めていくために，『記録カード』を活用しています。これから調べ学習や読書の際に使用していきます。どのようなことを記録するのかを確認しましょう。」
・調べることが書いてあるよ。
・分かったことを引用しているね。
・どの本や資料から引用したのかが書かれているね。

「調べものをするときは，本や資料を読むことが多いですよね。ここで，読書をするよさはどのようなことがあると思うかグループで話し合いましょう。」

読書をしたら，考えが広がるよ。今まで考えつかなかったことを思いつくようになってきました。

読書をすると，言葉が増えると思います。この間，自分では使わなかった言葉を使えるようになっているのに気づきました。読書のおかげです。

再確認しやすく，アウトプットすることが可能です。

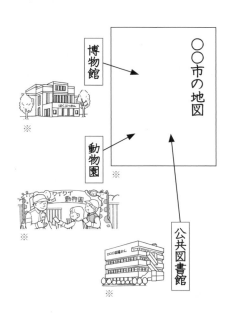

地域の施設を活用しよう

目的に応じて地域の施設を利用しよう

め
○○市の地図

博物館
動物園
公共図書館

※校区（地域）の地図と，各施設の写真を貼る。

主体的・対話的で深い学び

・1年間を通して，読書の記録を取り組むために目標を設定させる。それぞれが立てた目標を交流することで，さらに自分のめあてを明確にすることができる。定期的に取り組みを振り返り，修正と改善を繰り返すようにする。時には，友達と取り組みについてアドバイスし合うとよい。

準備物

・校区や地域の拡大地図
・地域にある図書館や資料館，動物園などの写真
・教科書 P33，35 の（読書）記録カードの拡大提示用シート
・記録カード（児童用）
（児童用ワークシート見本 **DVD** 収録【6_04_01】）
・読書記録カード（『帰り道』 **DVD** 収録【6_03_01】）

---

3 確かめる 読む・作る
読書の記録カードの書き方を確かめ，作成してみよう。

「それでは，これから1年間を通してどのような本を読んだのかを記録する読書カードを作成しましょう。」

図書室に移動して活動する。
教科書 P33 で，読書カードに記録する内容を確かめる。

33 ページに載っていた「流れ星キャンプ」を見つけたよ。まず，教科書に出てくる本を読んでみよう。

自主学習で使えそうな本を見つけたよ。引用元の題名を記録すると，また調べるときにすぐ分かるね。

「1週間に1枚くらいを目安に読書の記録カードを作成するとよいでしょう。もっと作成したい人は挑戦してみましょう。」

ここでは，いちばん身近な施設の学校図書室を利用して読書の記録に継続して取り組ませる活動としている。クラスや地域の実態に合わせて設定するとよい。

4 交流する
1年間取り組む読書のめあてを設定しよう。

「これから1年間，（読書の）記録カードに取り組みます。そのために，どのような目標をもって取り組むのか，めあてを設定しましょう。」

めあてをそれぞれが記入した後，グループでどのようなめあてを設定したのかを交流する。

わたしはあまり本を読むことが得意じゃないけど，まずは 10 冊を目標に読んでみたいです。

35 冊を目標に頑張ります。

6 年生では調べ学習が多いと思うから，伝記を読んでいこうと思います。

記録カードをいっぱい書いて，記録を残したいです。

「それぞれに目標ができましたね。毎月，目標を振り返り，1枚でも多く（読書）記録を書くことができるといいですね。」

（読書の）記録カードは，台紙に貼って管理する。

漢字の形と音・意味

◎ 指導目標 ◎

- 漢字の由来，特質などについて理解することができる。
- 第 6 学年までに配当されている漢字を読むとともに，漸次書き，文や文章の中で使うことができる。
- 進んで漢字の由来，特質についての理解を深め，今までの学習をいかして漢字を文や文章の中で使おうとすることができる。

◎ 指導にあたって ◎

① 教材について

　　児童はこれまでに，漢字には意味があることや部分によって組み立てられているものがあることを，学習してきました。本単元では，これまでの学習経験を基に漢字がもっている同じ部分に注目しながら，その形と音・意味を結びつけて考えさせていきます。

　　児童の中には，漢字に対する苦手意識が少なくありません。機械的な暗記を知ることで，漢字の学習はずいぶんと楽なものになるはずです。それは，漢字を思い出すとき，新出漢字の読み方を推測するとき，更には漢字の意味を考えるときにも，大きな手がかりになるでしょう。

② 主体的・対話的で深い学びのために

　　教科書に提示された問題に答えるだけでなく，その考え方を使ったクイズを作ったり解き合ったりしていくことで，児童の意欲を高めていきます。その際，国語辞典や漢字辞典，教科書巻末にある「六年間に習う漢字」を活用し，漢字のつくりの普遍性を実感させるとともに，漢字への興味・関心を深めていきましょう。

　　漢字学習は，単なる反復練習でなく，意味や字形を意識して捉えるようになると，主体的な学習につながります。本単元で扱う，漢字の形と音の視点を持てば，教育漢字の多くの字になんらかの共通点を見つけることができます。

　　本教材で扱う漢字だけでなく，この後に出てくる新出漢字などでも，機会があるごとにこの話題に触れて形，音の意識を継続させたいものです。

知識 及び 技能	・第6学年までに配当されている漢字を読むとともに，漸次書き，文や文章の中で使っている。 ・漢字の由来，特質などについて理解している。
主体的に学習に 取り組む態度	進んで漢字の由来，特質についての理解を深め，今までの学習をいかして漢字を文や文章の中で使おうとしている。

◉ 学 習 指 導 計 画　　全 2 時 間 ◉

次	時	学習活動	指導上の留意点
1	1	・「求」「球」「救」の3つの漢字の共通点について考える。 ・同じ部分をもつ漢字には，音も共通する場合があることを理解する。 ・教科書の問題文の□にあてはまる漢字について，考える。 ・同じ部分と同じ音をもつ漢字を集め，漢字クイズを作って解き合う。	・学習のめあてを提示する前に3つの漢字に共通することを問いかけ，学習への意欲を高める。 ・同じ部分と同じ音をもつ漢字が，他にもたくさんあることに気づかせる。 ・児童と相談し，答えの候補となる漢字を全く見せないで答えを考えさせると，より楽しく活動できる。 ・時間内に発表できなかった漢字クイズは，教室内などに全て掲示する。
1	2	・例文の□にあてはまる「彳」（ぎょうにんべん）のつく漢字を考える。 ・同じ部分をもつ漢字には，意味のうえでつながりのある場合があることを理解する。 ・「月」（にくづき）のつく漢字について考える。 ・うかんむりなど4つの部分をもつ漢字を集めて意味を考える。 ・同じ部分と同じ意味をもつ漢字を集め，漢字クイズを作る。	・同じ部分をもつ漢字の共通点について，「何に関係する言葉が多いか」と聞くと，児童が焦点を絞って考えやすくなる。 ・教科書の絵で体に関係があることを確かめさせる。 ・同じ形で異なる部首として「つき・つきへん」があることも説明しておく。 ・教科書末の「六年間に習う漢字」を活用する。部首も書いてあることにも着目させる。 ・漢字を探すだけでなく漢字クイズを作って，理解を深めさせる。

📀 **収録（漢字カード，漢字部首カード，児童用ワークシート見本）** ※本書 P54 - 57 に掲載しています。

漢字の形と音・意味
第 **1** 時 （1/2）

本時の目標
同じ部分をもつ漢字は，音も共通する場合があることを理解することができる。

授業のポイント
漢字クイズが作りにくい児童には，教科書の「六年間に習う漢字」ページや辞書を使ったり，ヒントとなる漢字を示したりする。

本時の評価
同じ部分と音をもつ漢字があることを理解し，クイズを作ったり，解いたりする。

〈探究〉共通点を見つけ，漢字の特徴を捉えます。児童が学んだことを生かし，漢字クイズを行う

板書例

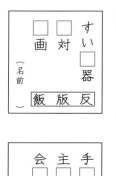

◇ 同じ部分をもつ，同じ音の漢字を調べよう

① □文 □開□した □物列車
化 花 貨 ・「化」 ・「カ」

② □冷□な □冷年 □書天
青 晴 清 静 ・「青」 ・「セイ」

③ □規□定 □正しい □面
側 測 則 ・「則」 ・「ソク」

※漢字カードを使って□に貼り替える。

◇ 漢字クイズを作ろう

（名前　）
手 主 会
帳 長 張

（名前　）
対 □画
すい□器
飯 版 反

---

1 めあて つかむ 3つの漢字に共通することは何か考え，学習課題を知ろう。

教科書を閉じさせたまま，黒板に「求」「球」「救」の3枚の漢字カードを貼る。

「『キュウ』は訓読みではなく，音読みですね。」
・同じ部分があり，同じ音読みの漢字です。
・どれも「求」があるから「キュウ」と読むんだね。

教科書 P36 の3つの例文を読む。

「今日は，このように同じ部分をもち，同じ音の漢字を学習していきます。」
・求のほかにもいろいろありそうだね。

---

2 解く □にあてはまる漢字を選ぼう。

教科書 P36　1の①の問題を考えさせる。

「考えた答えを，黒板の□に書きましょう。」

児童を指名して書きに来させる。

「では，それぞれの答えになる漢字について考えましょう。どんな共通点がありますか。」
・②はどれも「セイ」という音です。
・4つの漢字すべてに「青」という部分があります。
・③はどれも「ソク」という音です。
・どの漢字にも「則」という同じ部分があります。

ような探究する学びを取り入れましょう。

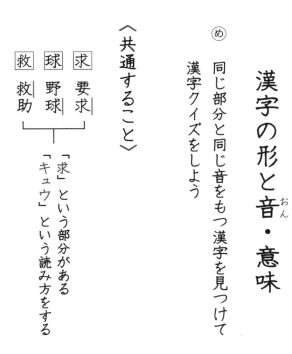

〈共通すること〉

救	球	求
救助	野球	要求

「求」という部分がある
「キュウ」という読み方をする

め
同じ部分と同じ音をもつ漢字を見つけて
漢字クイズをしよう

漢字の形と音(おん)・意味

主体的・対話的で深い学び

・クイズ作りは，実態に応じて，グループごとではなく，ペアや各個人で作らせてもよい。できれば，この時間だけでなく宿題や自由課題として，漢字クイズづくりに取り組ませたいところである。ゲーム感覚で漢字を観察したり，分析したりすることができる。児童が作ったクイズを印刷して配布すれば，問題の数をこなすことにもなり，深い学びにつながる。また，作成した児童の励みにもなる。

準備物

・漢字カード　DVD 収録【6_05_01】
・ワークシート（児童用ワークシート見本　DVD 収録【6_05_02】）
・漢字クイズを書く画用紙（班の数）（ホワイトボードでもよい）
・国語辞典，漢字辞典

3 対話する 作る　漢字クイズをみんなで作ろう。

「同じ音で同じ部分をもつ漢字を探して，例のようにクイズを作りましょう。」（例：「反」，板書参照）

　　教科書 P284 ～「六年間に習う漢字」を使って漢字を見つけさせる。必要に応じて，適宜ヒントを与えていく。「反」の他に，「長，票，責，方，由，成，泉，比，安」など，いくつか漢字を提示してもよい。

「クイズにするには前後の漢字や文章も必要ですね。国語辞典や漢字辞典も使って考えましょう。」

　　出来上がったクイズは，画用紙などに書かせる。

4 交流する　作った漢字クイズを出し合おう。

「作ったクイズを出し合いましょう。」

　　グループに分かれてクイズを出し合う方法でも，順番に書き上げたクイズを黒板に貼り，答える方法でもよい。また，児童と相談したうえで，答えとなる漢字を隠して考えさせても楽しい。問題を解く困難さが高まる分，教室が盛り上がる。

　　授業時間内に全員のクイズを解く時間が取れない場合には，教室内などに掲示し，書き込んだ答えの上に紙を貼り，めくれるようにしておくとよい。

本時の目標
同じ部分をもつ漢字は，意味も共通する場合があることが理解できる。

授業のポイント
展開3が本時の中心的な活動になってくる。クイズは，時間の関係で，方法だけ教えて自由課題とする，時間内に出題して答えさせるなど臨機応変に扱う。

本時の評価
同じ部分をもつ漢字があることを理解して，クイズを作ったり，解いたりする。

〈意味〉漢字を形で覚えている児童も中にはいます。部首にも意味があり，それが分かると漢字

板書例

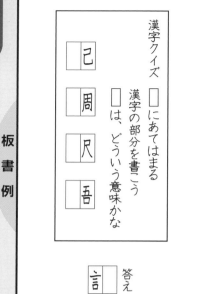

月
脳肺腸胃臓腹
にくづき＝体に関係
（つき・つきへん 朝 服など）

宀
安宇家害宝
うかんむり＝家・屋根の意味

扌
技採指持授
てへん＝手の意味

忄
快慣情性
りっしんべん＝心の意味

刂
刊列別利判
りっとう＝刀で分けるという意味

漢字クイズ
□にあてはまる漢字の部分を書こう
□は，どういう意味かな

己 周 尺 吾

言 答え

---

1 めあて つかむ
□に漢字を入れ，その共通点を考えよう。

教科書は閉じたまま，「□所（やくしょ），□歩（とほ），□□（おうふく）」，「招□（しょうたい），□意（とくい）」，「法□（ほうりつ）」と板書する。

「□にどんな漢字が入りますか。ノートに書きましょう。」

答えが書けましたか。□に入れた漢字で共通している部分は，どこですか。

1行目の答えは，役，徒，往復で，2行目は待，得，3行目は律です。

共通しているのは，辺の部分の「イ」です。

「これは，『ぎょうにんべん』といいます。『イ』のついた漢字には，どんな共通点があるでしょう。」
・音は違うから，意味が同じなのかな？
「『イ』は，『行く』や『道』などの意味を表す漢字に使われます。今日は，このような意味のつながりのある，同じ部分をもつ漢字を学習します。」

2 出し合う 確かめる
月（にくづき）をもつ漢字の意味について考えよう。

「脳」という漢字についている「月」は，「にくづき」と言います。「月」のつく漢字を探しましょう。

肺と腸と腹。

それに，服。朝はどうかな？

知っている漢字を発表させる。教科書P284～「六年間に習う漢字」で調べさせ，隣と相談させてもよい。

「『にくづき』は，どんな漢字に使われるでしょう。」
・肺も腸も腹も体の一部分です。

「教科書の37ページを開けて，『ぎょうにんべん』と『にくづき』の意味を確かめましょう。」
・服や朝は体に関係がないけど…。

「『にくづき』のほかに，『つき』『つきへん』という部首もあります。漢字表の部首のところに『肉』『月』と書かれていますから確かめてみましょう。」

主体的・対話的で深い学び

・クイズを作るときに，できるだけ漢字辞典や教科書巻末の一覧表などを使わせたい。漢字が苦手な児童は，辞典を引くことも遅い場合が多いが，クイズづくりの中での作業であれば，楽しんで辞典を引く場合も多い。辞典を積極的に使わせることで，深い学びの可能性が高まる。

・クイズを出し合ったり，問題の出し方をアドバイスし合ったりすることで対話的な学びとなる。

準備物

・漢字部首カード　DVD 収録【6_05_03】

・ワークシート（児童用ワークシート見本　DVD 収録【6_05_04】）

・漢字の部分を書いたカードを箱に入れたもの

・漢字クイズを書く8つ切り画用紙（班の数）

・国語辞典，漢字辞典

め
同じ部分をもつ漢字の意味を考えよう
漢字クイズを作ろう

漢字の形と音（おん）・意味

役所（やくしょ）・徒歩（とほ）・往復（おうふく）
招待（しょうたい）・得意（とくい）
法律（ほうりつ）

彳　ぎょうにんべん

「行く」や「道」などの意味を表す漢字に使われる。

---

3 調べる・対話する　同じ部分をもつ漢字を集め，その部分が表す意味を考えよう。

　　教科書 P37 の設問② に取り組ませ，それぞれ 3〜5 字を目処に調べさせ，発表させる。

・「宀」のつく漢字は，安，宇，家，…などあります。
・「扌」のつく字は，技，採，指，… いっぱいあるよ。

では，それぞれの意味を隣の人と話し合って考えましょう。

「扌」は，何か手に関係がありそう。

「宀」は，傘とか屋根みたいな形だけど…。

　　意見が出尽くしたころを見計らって，漢字辞典で部首名と意味を確認させる。

・「宀」は「うかんむり」で「家とか屋根」の意味だ。
・「てへん」は，やっぱり手の意味で，手に関係のある字に使われています。

---

4 作る・交流する　同じ部分をもつ漢字を使って，クイズを作ろう。

「漢字クイズです。黒板の□に入る部分は何でしょう。また，どんな意味でしょう。」（板書例参照）
　　・「言」が入る。意味は「言葉」を表していると思う。

「今度はみなさんにもクイズを作ってもらいます。」
　　班の数に合わせ，「くさかんむり」「さんずいへん」「きへん」「いとへん」「くにがまえ」「しんにょう」などと書いた紙を2つ折りにして箱に入れておく。

「箱の中の紙を班で1枚ずつ引きましょう。」

引いた紙に書いてあった部分を使って，クイズを作りましょう。

たくさん，漢字がありそう。

「木」って書いてある！

板，桜，横，校…。

意味も簡単。「木」に関係している。

　　作ったクイズは，画用紙に書かせる。教室に掲示しておき，みんなが答えられるようにする。

救	球	求
貨	花	化
晴	清	青
		静

ワークシート　第1時

名前（　　　　　　　）

○ 同じ部分と同じ音をもつ漢字を見つけましょう。

	同じ部分、音読み	漢字	言葉・文章
［例］	（ ハ ン ）	版 反 飯	すい□器　□対　□画
	（　）□（　）		
	（　）□（　）		
	（　）□（　）		
	（　）□（　）		
	（　）□（　）		

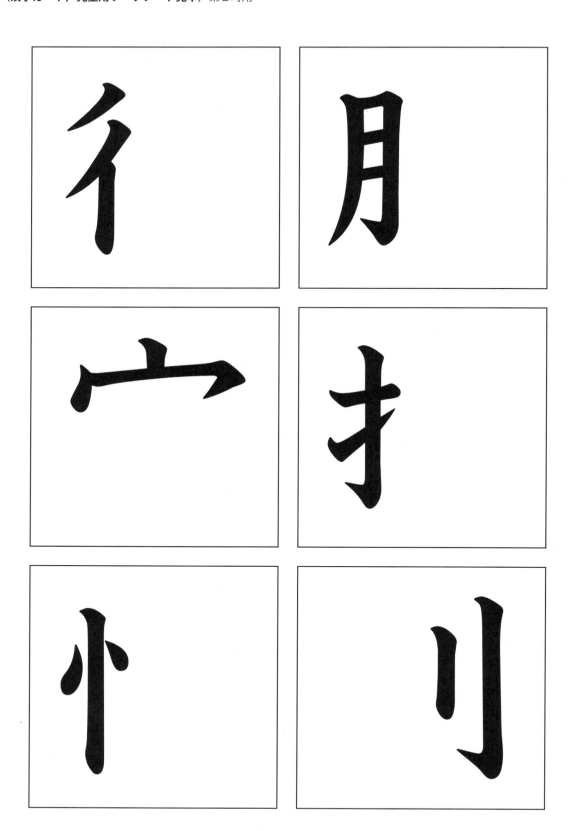

○ 次の部分の名前と意味を書きましょう。また、その部分をもつ漢字を書きましょう。

名前（　　　　　　）

漢字の部分（名前）	（　）	（　）
意味		
漢字		
	彳	月

○ 次の部分をもつ漢字を集め、その部分が表す意味を漢字辞典で調べて書きましょう。

漢字の部分（名前）	（　）	（　）	（　）	（　）
漢字				
意味				
	宀	扌	忄	刂

2　漢字の形と音・意味

季節の言葉

春のいぶき

全授業時間 2 時間

◉ 指導目標 ◉

- 語句と語句との関係について理解し，語彙を豊かにするとともに，語感や言葉の使い方に対する感覚を意識して，語や語句を使うことができる。
- 目的や意図に応じて，感じたことや考えたことなどから書くことを選び，伝えたいことを明確にすることができる。
- 積極的に季節を表す語彙を豊かにし，表現の意図に応じて言葉を吟味しながら，俳句や短歌を作ろうとすることができる。

◉ 指導にあたって ◉

①　教材について

　　6 年生の「季節の言葉」では，日本の四季を豊かに表現する「二十四節気」の言葉について学習します。本教材「春のいぶき」では，そのうち，暦のうえで春を表す 6 つの言葉と，春を詠んだ俳句や短歌を紹介しています。児童が知っている「立春」「春分」といった言葉の他にも，様々な言葉と出合うことができます。今とは異なる四季感や事細かに分かれる季節の移り変わりから，昔の人々の季節に対する意識の違いや季節を大切にしてきた思いを感じるとともに，わたしたちの感じる春を表現しようとするきっかけとなる教材です。

②　主体的・対話的で深い学びのために

　　第 1 時では，俳句作りを近くの人とアドバイスし合いながら作成していきます。1 人で考えるよりも，友達と対話をすることで新たな気づき，発見が生まれることでしょう。
　　第 2 時では，句会を取り入れます。鑑賞と相互評価を同時に行うことができ，主体的に学ぶことができます。また，選考理由を交流することで，自分では気づくことができなかった作品のよさや工夫を見つけることができるでしょう。

知識 及び 技能	語句と語句との関係について理解し，語彙を豊かにするとともに，語感や言葉の使い方に対する感覚を意識して，語や語句を使っている。
思考力，判断力，表現力等	「書くこと」において，目的や意図に応じて，感じたことや考えたことなどから書くことを選び，伝えたいことを明確にしている。
主体的に学習に取り組む態度	積極的に季節を表す語彙を豊かにし，表現の意図に応じて言葉を吟味しながら，俳句や短歌を作ろうとしている。

● 学習指導計画　　全2時間 ●

次	時	学習活動	指導上の留意点
1	1	・「春のいぶき」という言葉からイメージするものを出し合う。 ・教科書で示されている二十四節気，短歌，俳句を声に出して読む。 ・自分の地域で感じる「春」を俳句や短歌の形式に表して書く。 ・自分の感じる春が表れるような言葉を選んで作る。	・「春」という言葉から連想する言葉をイメージマップでまとめる。 ・俳句と短歌の形式や決まりを確認したうえで，自分の地域や身近なところの「春」を表現するものを書くようにさせる。 ・友達とアドバイスしたり，教え合ったりして書くことも認める。
	2	・書いた作品を句会・歌会で読み合う。 ・語感や言葉の使い方，選び方など，表現の工夫に着目して感想を伝え合う。 ・学習を振り返る。	・選考基準を明らかにし，表現豊かな作品を選ぶようにさせる。 ・ベスト3に選ばれた作者に，作品に込めた思いをインタビューする。 ・グループでそれぞれの作品に込めた思いを交流させる。

DVD 収録（資料） ※本書 P64，65 にも掲載しています。

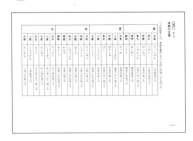

春のいぶき

第 1 時 （1/2）

本時の目標
「春」という言葉からイメージを膨らませ，春に関する俳句や短歌の形式に表すことができる。

授業のポイント
イメージマップを使って，「春」という言葉からイメージを広げる。また，春の様子の写真を提示して，イメージをより広げさせる。

本時の評価
積極的に季節を表す語彙を豊かにし，表現の意図に応じて言葉を吟味しながら，俳句や短歌を作ろうとしている。

板書例

〈連想メモ〉言葉から想像を広げるには，イメージマップが効果的です。一人では連想するのが

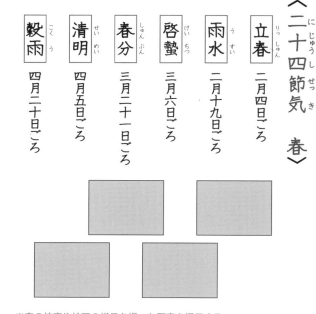

◇「春」を俳句や短歌に表そう

短歌（五・七・五・七・七 … 三十一音）

俳句（五・七・五 … 十七音）
☆ 俳句は季語を使う（※二重季語はさける）

〈二十四節気　春〉

立春	二月四日ごろ
雨水	二月十九日ごろ
啓蟄	三月六日ごろ
春分	三月二十一日ごろ
清明	四月五日ごろ
穀雨	四月二十日ごろ

※春の校庭や校区の様子を撮った写真を掲示する。

---

1 言葉集め 出し合う

「春」という言葉から，イメージを広げよう。

まず，個人で春といえばどのようなものをイメージするのかを考えさせ，ノートにイメージマップを書かせる。

よりイメージを膨らませられるよう，春の校庭や校区の様子を撮った写真を掲示する。

「どのような言葉が見つかりましたか。」
・春という言葉から，入学式を考えました。
・入学式から1年生をイメージしました。
・春という言葉から，桜を連想しました。
　全体で言葉を出し合い，板書でイメージマップに表す。

「たくさんの『春』をイメージする言葉が集まりましたね。」

2 知る・読む 交流する

二十四節気を知り，春に関する俳句や短歌を声に出して読もう。

「日本には，古くから『二十四節気』というものがあります。暦の上で，季節を24に区切って表す考え方です。そのうち6つが春を表す言葉です。どのような言葉があるのか，調べてみましょう。」

教科書 P38，39 を読んで確かめる。

「春を表現した俳句や短歌を音読しましょう。」

教科書の3つの俳句や短歌を音読し，どのような景色を想像したか，感想を伝え合わせる。

難しい児童がいる場合は，ペアやグループでの活動とします。

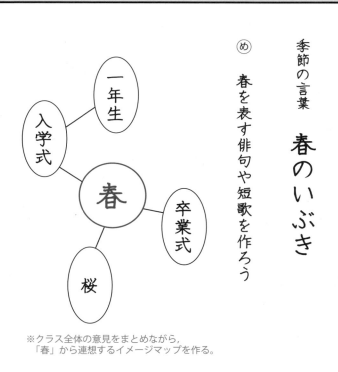

季節の言葉　**春のいぶき**

め　春を表す俳句や短歌を作ろう

※クラス全体の意見をまとめながら，
「春」から連想するイメージマップを作る。

(イメージマップ：春 — 一年生 — 入学式 — 卒業式 — 桜)

🔍 **主体的・対話的**で**深い**学び

・1人で俳句や短歌を作ることは簡単なことではない。友達とアドバイスし合ったり，教え合ったりすることで，よりよい作品を考えることができる。そのような対話的な活動を取り入れ，児童がすすんで俳句・短歌づくりができるようにしたい。

準備物

・春の校庭や校区の様子を撮った写真
・資料（二十四節気） 📀 収録【6_06_01】
・資料（季語） 📀 収録【6_06_02】
・俳句・短歌を書くワークシート（ノートでもよい）

---

3 作る 書く　　俳句や短歌に表そう。

　俳句や短歌の形式（字数，季語など）を確認し，「春」を表現する俳句や短歌を作ることを伝える。

「どんな『春』を表す俳句や短歌を作ってみたいですか。」
・今年は卒業式だから，想像して作ってみよう。
・桜がきれいな川沿いの道をみんなに紹介したいな。
・学校の門の前にある桜を知ってもらいたいな。

大好きな
桜トンネル
おめでとう

その方がよさそう。下の句の部分を変えてみよう。

下の句を「おめでとう」より，「ありがとう」にしたらどうかな。ありがとうの方が卒業を表現できると思うよ。

　俳句と短歌のどちらかを選択させ，作成に取りかからせる。隣の友達などとアドバイスし合って作ってもよいことにする。

---

4 交流する 振り返る　　グループで読み合おう。
　　　　　　　　　　　　学習を振り返ろう。

「では，作った俳句や短歌をグループで交流しましょう。次の時間は，作った短歌や俳句を全員が発表する歌会・句会をします。この時間で仕上げておきましょう。」

春と言えば，どんなイメージができる？例えば，色とか，景色とかは？

じゃあ，言葉を一つ決めてみよう。そうすると，作りやすいよ。

なかなか思いつかないなあ。どうしよう。

「桜」にしてみよう。桜だと，夙川沿いの景色が好きだから…。

　交流してアドバイスし合う時間を確保したい。作成途中の段階でもよしとし，交流を通して作品を仕上げさせてもよい。

「学習を通して考えたことやできるようになったことを振り返りましょう。ノートに書けたら発表しましょう。」
・○○さんにアドバイスしてもらったおかげで，いい作品に仕上がってうれしかったです。

　教師は作品を回収し，次時までに一覧表にまとめる。

本時の目標

「春」を表現した俳句や短歌の作品を味わい，表現の工夫に着目して，感想を伝え合うことができる。

授業のポイント

評価の視点を与えたうえで，句会・歌会を行う。どの作品のどこがよいのかを考え，クラスの俳句・短歌ベスト3を選出する。

本時の評価

「春」を表現した俳句や短歌を発表し，互いの作品の感想を伝え合っている。

板書例

〈句会・歌会〉よりよい作品を選ぶために，選考基準を明示します。また，筆跡や作者が分からない

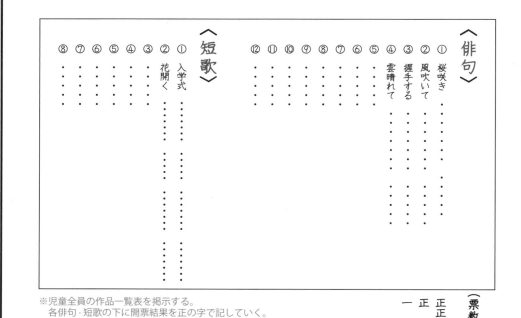

〈短歌〉
① 入学式 花開く
② ・・・
③ ・・・
④ ・・・
⑤ ・・・
⑥ ・・・
⑦ ・・・
⑧ ・・・

〈俳句〉
① 桜咲き
② 風吹いて
③ 握手する
④ 雲晴れて
⑤ ・・・
⑥ ・・・
⑦ ・・・
⑧ ・・・
⑨ ・・・
⑩ ・・・
⑪ ・・・
⑫ ・・・

（票数）
正 正
一 正

※児童全員の作品一覧表を掲示する。
　各俳句・短歌の下に開票結果を正の字で記していく。

1 めあて つかむ　句会・歌会の進め方を確認しよう。

これから句会を始めます。どのような視点で，俳句を選ぶとよいでしょうか。

読んだら様子が想像できるものを選びます。

表現を工夫しているものにします。

俳句や短歌を選ぶときに，気をつける視点を児童から引き出し確かめ合う。句会・歌会をするときは，①表現の工夫，②イメージのしやすさ，③まねしたいと思うもの，などといった視点が考えられる。

（句会のルール）
　〇表現の工夫やイメージのしやすいものを選ぶ
　〇一人3票を投票する
　〇開票し，ベスト3を選出する

「それでは，6年〇組の句会・歌会を行いましょう。俳句や短歌の一覧を読んで，よい作品を見つけましょう。」

2 鑑賞する 選句・選首　それぞれが気に入った俳句・短歌を選んで投票しよう。

児童の作品を一覧にまとめたワークシートを配布し，同時に，黒板に拡大したものを提示する。

「まず，友達が作った俳句や短歌を鑑賞しましょう。その中で，よいと思う作品を3つ選びましょう。」

4番の作品がいいな。はっきりとした言葉を使っていないけど，何を伝えたいかがよく分かる。

6番の作品がいいと思うなあ。「卒業式」の様子が想像できるから。

「よいと思う作品が決まったら，投票用紙に番号を記入しましょう。」

全員の投票確認後，開票。教師が読み上げ，「正」の字で数を数えていく。児童が選んだ多数決のベスト3の他に，教師の視点で選んだ特別賞など追加してもよい。

ようにパソコンで一覧を作成するとよいでしょう。

季節の言葉　春のいぶき

め　六年〇組の句会・歌会をしよう

句会・歌会のルール

・よいと思う俳句・短歌を選ぶ
　（表現の工夫、イメージしやすい、まねしたい）
・一人三票を投票する
・開票する　→　ベスト3を選ぶ

🔍 主体的・対話的で深い学び

・句会・歌会を取り入れることで，相互評価や鑑賞を一度に行うことができる。また，どのような選考基準で選んだのかを交流することで，自分1人では気づかなかった作品のよさを発見することができる。
・展開3で行うグループでの交流では，作品に対する願いや思いを知ることができ，学びをより深めていける。

準備物
・児童全員の作品をまとめた一覧表（児童数）
・（黒板掲示用）作品一覧表を拡大したもの
・投票用紙（児童数）

3 交流する　それぞれが作った俳句や短歌を紹介し合おう。

「開票の結果が出ました。ベスト3になった人たちにインタビューしましょう。」
・卒業するのは寂しいけれど，中学校でも頑張っていこうという気持ちを表現しました。
・卒業を「おめでとう」と言ってもらうことは多いと思うけれど，たくさんの人のおかげで卒業できるから，「ありがとう」を使いました。○○さんのおかげで，この言葉に変えました。

　作品に対する思いや工夫したところなどを教師がヒーローインタビューのようにして尋ねる。

グループで自分が作った俳句や短歌を紹介し合い，作った思いや表現の工夫を伝えましょう。

入学式の頃を思い出してこの俳句を作りました。次の春には，中学校に入学します。その少し不安な気持ちを表現しました。

春のさわやかな様子を表現してみました。○○公園の桜を見るのが大好きだから，みんなにも知ってほしいと思って作りました。

4 交流する　短歌や俳句の感想を伝え合おう。
　振り返る　学習を振り返ろう。

「友達の俳句や短歌を聞いた感想を伝え合いましょう。」

山田さんの作品，すぐに想像できていいね。入学式の様子がよく分かる。

みんな上手だね。どれも真似してみたいと思ったよ。

田口さんの作品は，難しい言葉を使っているね。さすがだなあ。

今本さんは，俳句の達人みたいだね。コツを教えて。

　それぞれの思いを聞いた感想を伝え合わせる。

「学習を通して，考えたことやできるようになったことを振り返りましょう。」
・◇◇さんの俳句を読んで，俳句の面白さに気づきました。次の夏の「季節の言葉」でも俳句作りをしたいです。

　ノートに本時の学習の振り返りを書かせ，書き終わったら，発表させる。

資料　第1時

季語一覧

春

時候・天文など	初春、春分、彼岸、花冷え、八十八夜、春暁、朧月夜、春風、春一番、春雨、山笑う、残雪、雪崩、雪解け
生き物	ウグイス、ツバメ、ヒバリ、雀の子、蝶、蛙
植物	梅、椿、桜、木の芽、藤、山吹、すみれ、パンジー、つくし、チューリップ、菜の花、ふきのとう
食べ物	白魚、アサリ、桜餅、雛あられ、ワカメ、若鮎、白酒、アスパラガス、わさび
行事・生活など	山焼き、茶摘み、潮干狩、遠足、花見、入学、卒業式

夏

時候・天文など	夏めく、白夜、熱帯夜、五月雨、梅雨、炎天、夕焼け、夕立、雷、雷雨、入道雲、スコール、夕凪
生き物	アマガエル、ホトトギス、蛍、カタツムリ、金魚、アブラゼミ、カブトムシ、クラゲ
植物	紫陽花、菖蒲（アヤメ、ショウブ）、新緑、向日葵、牡丹、百合
食べ物	初鰹、苺、新じゃが、新玉ねぎ、ソラマメ、筍、粽、鮎、鰻、茄子、メロン、かき氷、サイダー、麦茶、冷やし中華、ビール
行事・生活など	こいのぼり、端午、蚊帳、簾、扇子、浴衣、冷蔵庫、夕涼、ラジオ体操、日射病、海水浴、肝試し、登山、土用、暑中見舞、夏休み、幽霊

季節の言葉

資料 第1時

季語一覧

秋

時候・天文など	秋深し、爽やか、仲秋、いわし雲、十六夜、月、名月、天の川、野分、霧、露、台風、稲妻、夜長
生き物	コオロギ、鈴虫、ツクツクボウシ、トンボ、猪、鹿、啄木鳥、渡り鳥
植物	紅葉、落葉、彼岸花、女郎花、金木犀、菊、秋桜
食べ物	鰯、秋刀魚、スイカ、玉蜀黍、葡萄、月見団子、鮭、柿、栗、銀杏、桃、イチジク、リンゴ、キノコ
行事・生活など	七夕、稲刈り、運動会、紅葉狩り、案山子、菊人形、相撲、盆踊り

冬

時候・天文など	大晦日、年越し、節分、除夜、師走、吹雪、北風、寒波、雪、霜・霜柱、小春日和
生き物	鶴、白鳥、ウサギ、狐、狸、鴨、梟
植物	寒椿、山茶花、落ち葉、木の葉、枯葉、葉牡丹、シクラメン、水仙、柊
食べ物	河豚、牡蠣、蕪、大根、白菜、湯豆腐、干柿、鱈、ズワイガニ、みかん、おでん、数の子、鏡餅
行事・生活など	スキー、スケート、こたつ、ストーブ、餅つき、風邪、たき火、咳、鼻水、クリスマス、七五三、火事、年賀状、お年玉、門松、羽子板、初詣

季節の言葉

聞いて，考えを深めよう

全授業時間 6 時間

◉ 指導目標 ◉

- 話し手の目的や自分が聞こうとする意図に応じて，話の内容を捉え，話し手の考えと比較しながら，自分の考えをまとめることができる。
- 文と文との接続の関係，話の構成や展開について理解することができる。
- 互いの考えを比較しながら進んで話を聞き，学習の見通しをもって自分の考えをまとめようとすることができる。

◉ 指導にあたって ◉

① 教材について

　6 年生になり，さまざまな場面で話したり，聞いたりする場面が今までよりも増えてきます。では相手の話をどのように聞いているでしょうか。人それぞれ聞き方は違っています。大切なのは相手の話の内容をしっかりと捉え，その意見をもとに自分の考えをいかに深められるか，だと言えるでしょう。ここでは，その，「聞き方」に焦点を当てて学んでいきます。ある話題に対して賛成・反対の立場をはっきりさせて，意見と理由に気をつけて聞き合い，考えを深める「話し合い」活動をする教材です。

　「話し合い」活動では，聞き手として，それぞれの意見とその根拠は何かを十分に理解する必要があります。対話を通して，相手の主張の中心を捉えて聞く力や，賛成や反対の 2 つの立場のいちばんの違いは何かを考えながら聞く力，相手の主張に対して自分の考えをもつ力を育みます。また，このような聞く力が育まれることによって，設定した話題についての自分の考えを深めたり，意見を取り入れて再構築したりすることができるようになるでしょう。

② 主体的・対話的で深い学びのために

　日常生活にいきるコミュニケーション能力を伸ばす力をつけるために，本教材では，グループ対話の中で，友達の話の内容を捉えて，自分の考えをまとめたり深めたりすることを目指します。身近な課題に取り組み，対話することの価値を実感させるようにします。

　「聞く」活動では，聞き手と話し手がいます。よい話し手は聞き手が育てる，と言います。話し手が話しやすいよう，聞き手の聞くときの姿勢についてしっかりと押さえてから学びに入りましょう。

◉ 評 価 規 準 ◉

知識 及び 技能	文と文との接続の関係，話の構成や展開について理解している。
思考力，判断力，表現力等	「話すこと・聞くこと」において，話し手の目的や自分が聞こうとする意図に応じて，話の内容を捉え，話し手の考えと比較しながら，自分の考えをまとめている。
主体的に学習に取り組む態度	互いの考えを比較しながら進んで話を聞き，学習の見通しをもって自分の考えをまとめようとしている。

◉ 学 習 指 導 計 画　　全 6 時 間 ◉

次	時	学習活動	指導上の留意点
1	1	・学習の見通しをもつ。 ・「話の内容をとらえて，自分の考えをまとめよう」という学習課題を設定し，学習計画を立てる。	・話の聞き方や自分の考えが変わることについて，これまでの自分の行動を振り返らせる。
2	2	・話題を確かめ，自分の考えを整理する。	・教科書P41の例を参考に話題を決め，賛成・反対の立場をはっきりさせて，具体的な理由を挙げながら考えさせる。
	3	・話題について，友達から聞きたいことを考える。	・教科書P41「話を聞くときの観点」を参考に，自分の考えを深めるために，友達からどんなことを聞きたいかを明らかにさせる。
	4	・グループで考えを聞き合う。	・つなぎ言葉や文末表現，意見と理由，事例とのつながりに気をつけて聞かせる。
	5	・グループで交流する。	・第4時で出た意見をもとに自分の考えを深めるようにさせる。
3	6	・話を聞くときに大事なことについて考え，まとめる。 ・学習を振り返る。	・単元の学びを振り返るとともに，「たいせつ」「いかそう」を読んで，身につけた力を押さえる。

聞いて，考えを深めよう
第 ① 時 （1/6）

本時の目標
本単元の学習内容について知り，学習の流れをつかむことができる。

授業のポイント
これまでの話し合いの経験等を交流したり，ミニゲーム等をしたりして感想を出し合わせ，その比較から本単元での学びの内容をつかませる。

本時の評価
みんなで話し合いたいテーマについて積極的に考えようとしている。

〈話し合い〉よりよい社会を築くために話し合います。話し合いを楽しいと思う経験につなげる

板書例

◇ 話し合うテーマ（話題）を考えよう

☆ 賛成・反対 の意見がだせるようなテーマ

（例）
・学習では，シャープペンシルよりもえんぴつを使ったほうがよい
・給食はずっとパンがいい
・教室でペットを飼ってもよい

※各班が決めたテーマをホワイトボードに書かせ，掲示する。

※児童の発言を板書する。

---

1 対話する
グループで質問ゲームをしよう。「意見」と「理由」について確かめよう。

お題について質問ゲームをしましょう。1人に対して，各2分間質問し続けます。お題は「6年生で楽しみなこと」です。

わたしは音楽会が楽しみだよ。

それはどうしてですか。

なぜなら…

ここでは自由な雰囲気で話し合わせる。

「どういった意見が出ましたか。」
・運動会が楽しみです。走ることが得意だからです。
・修学旅行です。友達みんなと一緒に泊まることが楽しみだからです。
・音楽会が楽しみ。ピアノを習っているから得意なので。

「今の意見の中に理由が入っていましたね。」
「意見」と「理由」について押さえておく。また，ここで教科書P7の『五年生の学び』を読み確認する。

2 めあてつかむ
学習内容を確かめよう。

「教科書40ページの上の部分を読みましょう。」
全員で音読する。

「みなさんは，友達の話を聞くときには，どんなことに気をつけていますか。」
・友達は何が言いたいのか，しっかり聞いて考えます。
・一度聞いてもよく分からないことは，もう一度聞いて確かめるようにしています。

今回は，何か一つテーマ（話題）を決めて，それについて反対，賛成それぞれの立場から意見を出し合い，聞き方について学びます。

なかなか難しそう。

どんなテーマがいいかな。

教科書P40下段の学習の流れ①～⑤までをノートに書かせ，テーマ（話題）を考える前に，学習の流れをつかませる。

には，話し合いたいと思う切実感のある課題が重要です。

聞いて、考えを深めよう

め 学習の流れをつかもう

〈学習の進め方〉

1 話題を確かめ、自分の考えを整理する

2 友達から聞きたいことを考える

3 意見と理由に気をつけて、グループで聞き合う

4 考えを深める

5 話を聞く時に大事なことについて考える

🔍 主体的・対話的で深い学び

・話し合いたいテーマを選ぶとき，隣の人と相談したり，班で相談するのも場合によってはよしとする。

・グループで1つのテーマに絞るのはなかなか難しいが，そこにこそ話し合いの大切さ（互いに意見を交流し，そのよさを認めつつ一番よいものをメンバー全員で考える）があるといえる。時間を多めにとり，しっかり取り組ませたい。

準備物

・これまでの行事の写真（あれば5年生までの分も）

・ホワイトボード（グループ数），ペン

---

3 書く　話し合いたいテーマを考えよう。

「では，話し合うテーマについて考えましょう。思いついたテーマを，どんどんノートに書いていきましょう。」

話し合うテーマについては，教科書 P41 下の「話題の例」を参考にして，できるだけ賛成と反対のどちらの立場にも立てそうなものを考えさせる。どんなことを書いたらよいのか分からない場合は，教科書のテーマを書かせてもよい。

「読書タイムにまんがをよんでもよい」にしようかな。

わたしは宿題のことにしよう。「宿題はないほうがよい」にする。

たくさん考えている児童はおおいにほめるようする。

---

4 出し合う 対話する　テーマを出し合い，グループで1つのテーマを決めよう。

では書いたことをお互いに伝え合って，グループで1つにしぼりましょう。

ぼくは山本くんの学校にスマホを持ってきてもよいがいいと思うよ。

確かに，議論が盛り上がりそう。

でも賛成が多いかも…。

自分がノートに書いたことを出し合わせ，各グループでテーマを1つに決め，ホワイトボードに書かせる。

「たくさん書いた人は，その中からいくつか選んで提案します。みんなが納得できるテーマを決めましょう。賛成・反対の両方の意見が出そうなものを選びましょう。」

できるだけ賛成，反対どちらも同数ぐらいになりそうなテーマを選ばせると，議論が白熱することが期待できる。

「各グループ，テーマが決まりましたね。次の時間は，この中からクラス全体のテーマを1つ決めます。」

本時の目標
話題を確かめ，自分の考えを整理することができる。

授業のポイント
決まった話題に対して自分の立場を明らかにした上で自分の考えを書かせるようにする。

本時の評価
自分の考えを整理し，賛成・反対どちらの立場の考えも書いている。

〈立場を決める〉AかBかどちらかの立場に立つと，児童は選択理由を思考し始めます。初期は，

板書例

◇ 感想を交流しよう

☆ 理由は三つ以上書く

（書き方例）
（わたし / ぼく）は，
（テーマ）に（賛成 / 反対）です。

◇ それぞれの立場に立って具体的な理由を考えよう

◇ テーマについて立場を明らかにしよう

| 賛成 |
| 反対 |

※賛成か，反対かどちらかに，児童に名札を貼らせる。

---

1 対話する / 決める　全体のテーマを1つに決めよう。

> グループからそれぞれ出されたテーマがありました。それを1つに決めたいと思います。

> ぼくは1班のテーマがいいと思います。

> わたしは2班のテーマがいい。あれだと賛成と反対，どちらも考えられそう。

　前時にグループごとにホワイトボードにまとめたテーマを黒板に掲示し，全体でさらに1つにしぼっていく。

「みんなで考えたいテーマを決めるポイントは2つです。このポイントに沿って考えて決めましょう。」
　①賛成・反対どちらの意見も書ける，または書こうと思えるということ。
　②どちらも同数かそれに近いようなテーマであること。

　話し合いで決まればよいが，すぐに決まらないような場合は，時間をかけすぎず多数決で決めればよい。

---

2 決める　立場を明らかにし，グループ分けをしよう。

「テーマが決まりました。では，それぞれ賛成か反対か，自分の立場を明らかにします。名札を前に貼りにきましょう。」

　名札を貼らせ，それぞれの立場の人数を把握する。

> 人数に違いがありすぎますね。わたしはこっちの立場だけど，あっちの方にいってもいいよ，という人はいませんか。

> ぼくは，反対にしたけど，賛成でもいいです。

「では，グループを分けていきますね。」

　賛成と反対，どちらの立場の人もいるようなグループ編成にする。

質より量で理由をたくさん考えるとよいでしょう。

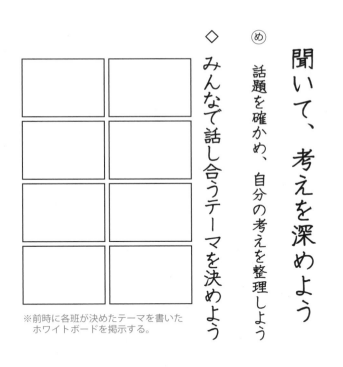

めあて
聞いて、考えを深めよう

話題を確かめ、自分の考えを整理しよう

◇ みんなで話し合うテーマを決めよう

※前時に各班が決めたテーマを書いたホワイトボードを掲示する。

主体的・対話的で深い学び

・自分で立場を決めて，自分なりの理由をしっかり考えさせておく。ここで，それぞれが理由をつきつめて様々な角度から考えておきたい。そうすることで，次時の，自分とは異なる立場の考えを予想したり，相手への質問事項がいろいろ考えられるだろう。

準備物

・前時に決めた各グループのテーマを書いたホワイトボード

---

3 書く　自分の立場を選んだ理由を考えよう。

「では，話し合うテーマについて理由を考えましょう。」

テーマへの自分の立場が決まったら，それぞれ賛成，反対の理由をノートにできるだけ具体的に書かせる。書き方としては，「わたしは〜に賛成（反対）です。なぜなら〜」と形式を決めて書かせるとよい。

理由はたくさん書ける気がするよ。

理由を3つも書けるかな。

「たくさん理由を考えられた人は，思いついたことをどんどん箇条書きで書きましょう。○○さんは，もう5つ目の理由を書いていますよ。」

机間指導で，できている児童はほめて取り上げ，なかなか書けない児童には支援をしていく。

---

4 振り返る交流する　学習を振り返り，感想を交流しよう。

理由を考えて書いてみるのは，どうでしたか。簡単に感想を交流しましょう。

いくつ考えられた？

理由をいくつも考えるのは，結構大変だったね。

頑張って6つ考えたよ。

簡単にグループで感想を交流させる。ただし，ノートに書いた内容には触れないようにさせる。

「どうでしたか。みんな理由は3つ以上書けましたか。」
・そんなに書けませんでした。
・家でも考えてきていいですか。
「いいですよ。できるだけたくさん理由を考えておくと，自分の立場からいろいろな意見が出せますからね。次の時間は，それぞれが書いた賛成・反対と考える理由をもとに，立場がちがうとどんな考えになるか予想します。」

聞いて，考えを深めよう
第 3 時 （3/6）

本時の目標

話題について友達から聞きたいことを考えることができる。

授業のポイント

話題について友達がどのように考えているか予想しておくようにさせる。

本時の評価

自分の考えを深めるために，友達からどんなことを聞きたいかをノートに書いている。

板書例

〈質問〉質問することは恥ずかしいことではありません。相手の考えを知り，新たな考えと出合う

◇ 感想を交流しよう

◇ 友達から聞きたいことを考えよう

☆ 相手がどのようなことを考えているか予想して，質問を考える

・ノートに書く →
・同じ立場の人で，話し合う →

観点
・どんな理由や事例を挙げているか
・自分の考えた理由と関係することはあるか
・自分の考えを補強する考え方はないか

態度
・目を見て，だまって聞く
・リアクションを大切に（うなずき，返事）
・正対して聞く
・メモを取る（簡単に）

※児童の発表を板書する。

---

1 めあて つかむ　めあてを確認し，話を聞くときのポイントを押さえよう。

教科書 P41 の ②「友達から聞きたいことを考えよう」を読み，本時のめあてを確認する。

話を聞くときに大切なことは何だと思いますか。

言いたいことが何なのか理解することです。

相手の目をまっすぐに見る，だまって聞く，ということだと思います。

態度面についての意見も含め，板書で整理していく。

「教科書 41 ページの話を聞く時の観点を読みましょう。」
・どんな理由や事例を挙げているか。
・自分の考えた理由と関係することはあるか。
・自分の考えを補強する考え方はないか。

「これらの観点を自分の中に持って，相手の話を聞くのが大切です。」

---

2 考える 書く　同じ立場・違う立場の人から聞きたいことを考えよう。

「では，今日は相手がどのようなことを考えているか予想して質問したいことを考えましょう。考えた質問はノートに書きましょう。」

まず，違う立場の人がどのような意見を言うかを，個人で予想させ，質問を考えさせる。このときも，できるだけたくさん書かせるようにする。

自分と違う立場のひとがどんなことを言うか考えた上で，質問することを考えましょう。

わたしは反対派だけど，賛成派の人になったつもりで考えてみればいいんだね。

この時間を多くとって取り組ませたい。
質問内容は，反論的になりすぎないように気をつけさせる。

ことができます。質問することは楽しいことなのです。

聞いて、考えを深めよう

（め）話題について友達から聞きたいことを考えよう

〈話し合うテーマ（話題）〉

（例）学習では、シャープペンシルよりもえんぴつを使った方がよい。

※クラスで決めたテーマを掲示する。

〈話を聞くときに大切なこと〉

---

3 対話する　同じ立場どうしで相手に聞きたいことを話し合おう。

「違う立場の人が言いそうなことを予想したり，質問したりすることをたくさん考えられましたか。では，同じ立場の人で集まって話し合いましょう。」

きっとこんなことを言うと思うよ。

それならこういうことを聞いてみたいな。

　同じ立場の人であれば，ペアで意見を出し合うこともできるが，ここでは積極的に自由に立って話し合う活動を取り入れてみてもよい。ただし，クラスの実態によって，一人になってしまうようなことが考えられるのであれば，事前に声をかける，ペアにする等の配慮が必要である。

---

4 振り返る・書く　感想を交流しよう。学習を振り返ろう。

同じ立場どうしで話し合ってみてどうでしたか。

ぼくは全く考えていなかった意見が聞けました。

2人で，さらに新しい質問を考えられました。

感想を全体で交流する。

「では，学習を振り返って感想を書きましょう。今日のキーワードは『立場』です。書けたら発表してください。」
・同じ立場どうしでも，予想や質問など考えたことが同じなものばかりではなく，違うものがあっておもしろかったです。友達の考えも取り入れたいと思います。

　振り返りの感想にはキーワードを必ず入れて書かせるとよい。難しそうであれば，先にそのキーワードでどのようなことが分かったのか，考えたのかを，ペアで少し話し合わせてからでもよい。

本時の目標
意見と理由に気をつけて，グループで聞き合うことができる。

授業のポイント
意見と理由の違いを押さえ，その上で相手が伝えようとしている点を理解し，質問するようにさせる。

本時の評価
相手が何を言おうとしているのかを理解しようと努め，メモを取ったり相槌をうったりしながら聞こうとしている。

板書例

〈学び合い〉展開3では，相手の考えを批判する時間ではありません。質問したり助言したりする

◇ グループで感想を伝え合おう

④相手の発言に対して質問する ←

◇ グループで意見を聞き合おう
①あいさつをする
②自分の意見・理由を言う
③あいさつをする（しめの言葉）
※くりかえして全員が言う

☆ 聞き取るときに気をつけたい表現
・つなぎ言葉
・文末表現

○挙げられた事例が適切ではないと感じたこと

〈質問すること〉
○意見と理由の関係が分かりにくかったこと

---

1 めあて つかむ   聞き合う前に大切なことを押さえ，発表のしかたを考えよう。

「今日はいよいよ，賛成と反対の意見をグループで伝え合います。」

教科書P41の3を読み，「意見と理由」について押さえる。

意見と理由は何が違うでしょうか。

意見は言いたいこと，伝えたいことで，理由はその理由です。

理由がおかしかったりしたら，意見も弱くなって，説得力がなくなると思います。

意見と理由の重要性を確かめ合った上で，P42下段「話を聞き取るときに気をつけたい表現」を読む。

「ここに書かれている表現に気をつけて自分の意見を言う準備をしましょう。」
・つなぎ言葉と文末表現に気をつけるんだね。

自分の意見を再度整理させ，修正や付け足しをさせる。

---

2 聞き合う   グループで自分の意見を伝えよう。

「では，グループで意見を伝え合いましょう。順番はグループで決めて，まず全員が発言するようにしましょう。」

意見を聞き合うときは，意見発表の前後に挨拶し合うようにすることを事前に確かめておく。

わたしは，シャーペンを学校にもってくるのに賛成です。理由は，カチカチやって授業に集中できないし，うるさいからです。

なるほど確かにうるさいよね。

そうか，そんな理由もあるのか。

グループで話し合っているとき，教師は様子を見て回り，相槌をうったり，リアクションをしたりしている人を取り上げてほめるとよい。「よい話し手は聞き手が育てる」というのを念頭に，話し合い活動を見て回るようにする。

「聞いたことはメモを取ってもいいですよ。ただし，メモばかりに気を取られて相手を見ないのはいけません。」

ことで，互いの意見を成長させ合う時間にします。

聞いて、考えを深めよう

め 意見と理由に気をつけて、グループで聞き合おう

〈意見と理由〉

意見 テーマについての自分の考え（賛成か反対か）

理由 どうしてそう思ったのか、わけ（例を挙げる）

・話し合いの際，挨拶を大切にしたい。そうすることで温かい雰囲気で話し合うことができる。

準備物

3 質問する　聞いた意見について質問をしよう。

「全員発言しましたね。では，今から相手の発言について，疑問に感じたことなどを質問しましょう。」

　ここでもう一度教科書 P41 の 3 を読み，内容を確かめ合わせてもよい。

さっき，シャーペンだと手で遊んでしまう，という理由がありましたが，手で遊んでしまうのはえんぴつも同じじゃないかと思います。

確かにそうだけど，シャーペンの方は機械音だから，より耳に聞こえるといやだと感じます。

　決して反論合戦にならないようにしたい。
　相手の意見に対して質問する。相手をおとしいれたり，傷つけたりするような言葉にならないように事前に伝えておく。

4 振り返る 交流する　学習を振り返り，感想を交流しよう。

やってみてどうでしたか。グループで感想を伝え合いましょう。

意外な意見があって面白かったよ。

確かに，ぼくもそう思った。

　グループで感想を交流させた後，全体で感想を発表させる。

「では，今日の感想をノートに書きましょう。今回のキーワードは，『意見』です。特に，相手の意見を聞いて思ったことや，自分が発表して感じたことなどを書くようにしましょう。」
・○○さんは，自分とちがう「えんぴつ」賛成意見だけれど，裏づけになる事例も挙げられていて，とても説得力のある意見になっていると感じました。

聞いて，考えを深めよう

第 5 時 （5/6）

本時の目標
友達の意見をもとに自分の考えを深め，グループで交流することができる。

授業のポイント
前回出た友達の意見をもう一度思い出させた上で，自分の意見を書き足していかせる。

本時の評価
友達の意見を聞いて，自分の意見を書き足したり，書き換えたりし，それを話すことができている。

板書例

◇ 感想を交流しよう

◇ グループで意見を交流しよう
☆ 「いいね」を合言葉に
・みんなの意見で共通していたこと
・それぞれよかったところ

◇ 自分の考えを見直そう
出た意見から自分の考えを
変わった → その理由を付け足す
変わらない → さらに書き足していく

⬅

（たとえば）
出た意見の中から
・「なるほど」と思ったこと
・疑問に思ったこと ）思い出して考える

---

1 振り返る めあて 本時のめあてを確認する。

> 前回，意見を出し合ってみてどうでしたか。

> すごく面白かったです。

> 自分が考えてなかった意見が出てびっくりしました。

前時にグループで意見を出し，質問し合ったりしたことを振り返らせ，交流する。

「今日は，前回グループで出た意見をもとに，自分の考えを深め，グループで交流します。」
・自分の考えを深める，ってどうするのだろう。
・どんな意見が出ていたかな。

前時から時間があいてしまっている場合は，もう一度さっと意見交流する時間を設けてもよい。

---

2 考えを 深める グループで出た意見をもとに，自分の考えを深めよう。

「教科書 42 ページの ④ を読みましょう。」
・他の人の意見や理由を自分のものと比べたり，みんなの意見に共通することを探したりする。
・他の人の意見を，自分の意見に取り入れてもいいんだ。

> 前の時間の話し合いで自分の意見が変わった人はいますか。

> ぼくは山本さんの理由がすごく説得力があったので意見が変わりました。

意見が変わったのであれば，その理由を，変わっていないのであれば，さらに自分の意見を裏づける理由を付け足しさせる。

「人の意見を取り入れることは，悪いことではありません。意見を聞いて納得したら立場を変えてもいいのです。それも，自分の考えが深まったからできることですよ。」

アップすることができます。これこそ交流の醍醐味です。

聞いて、考えを深めよう

㊎
出た意見をもとに自分の考えを深め、
グループで交流しよう

◇ 意見をもとに考えを深めよう
・他の人の意見や理由を自分のものと比べる
・みんなの意見に共通することをさがす
・他の人の意見から、自分の意見に取り入れる

主体的・対話的で深い学び

・自分の考えがどのようなものであったのかを最初に書かせておき，それと今の自分の考えとを比べさせたい。また，グループ対話の中で聞いたことをメモしている児童には，そのメモを確認させると，より深い学びへとつながる。

準備物

3 交流する　自分の意見をさらにグループで交流しよう。

「グループで出た意見をもとに，自分の考えは何か変わりましたか。また，人の意見や理由と比べて考えたことや，みんなの意見で共通することが探せましたか。」

では，考えた自分の意見を交流しましょう。

ぼくは岡崎くんの意見で考えが変わったよ。科学的根拠を交えて，すごく分かりやすく鉛筆のよさについて説明してくれたから。

　深められた自分の考えをグループで交流する。このとき，「いいね」を合言葉にして，反論はしないようにさせる。質問をするとしても，ここでは相手の発言をしっかりと聞いて，よかったところを見つけて発言させる。

「交流しながら，みんなの意見で共通していたことや，一人ひとりのよかったところを探しましょう。」

4 振り返る　学習を振り返り，感想を交流しよう。

グループの人の意見を聞いてみてどうでしたか。感想を言いましょう。

わたしは，みんなの意見を聞いて自分の意見についてちょっと理由が弱かったなと思いました。

　グループで交流したとき，どのような意見が出たのかを発表させる。意見を聞いた後は，みんなで拍手をして発表の場がよい雰囲気になるよう配慮する。
　また，教師は，発表内容についてコメントするだけでなく，発言している児童の態度などをほめ，大切なのは内容だけでないことを示したい。

「次の時間は，話を聞くときに大事なことについて考えます。」

聞いて，考えを深めよう 第6時 （6/6）

本時の目標
話を聞くときに大事なことについてまとめ，学習を振り返ることができる。

授業のポイント
話を聞くときに大事なことについて，みんなで話し合って意見を出し合わせる。

本時の評価
意見を述べ合ったり，それを聞いたりして自分の考えをまとめている。

〈聴く〉学びは聴くことによって生まれ，深まります。相手の言葉に耳を傾け，異質なものとの

板書例

① 一人で考えて，ノートに書く

② グループで交流する

③ 全体で交流する

大事なことは
・話し手が何を話そうとしているか押さえる
・意見と理由とのつながりを聞き取る
・理由が納得できるか聞き取る

◎ いかそう
・これからの話し合い活動や学級会などで意見と理由のつながりに気をつけよう

※児童の意見を板書する。

---

1 振り返る めあて これまでの学習を振り返り，本時のめあてを確認しよう。

話し合いをたくさんしてきましたが，何が大切だと思いましたか。

自分の意見と比べて聞くのが大事かなと思いました。

ちゃんと聞くことかなと思います。

「教科書43ページの⑤を読みましょう。」
・「話を聞くときに大事なことについて考えよう」
・友達の話を聞いたり，それをもとに自分の考えを深めるときに，どのようなことが大事だと思うか話し合うんだね。

　　本時のめあてを確認する。前の時間までの話し合う活動でよかったところを教師が伝え，本時の導入としてもよい。
　　また，ここで今までの児童の感想を読み上げたり，取り上げたりするのもよい。

2 書く 話を聞く時に大切なことを考え，書こう。

友達の話を聞いたり，それをもとに自分の考えを深めるときに，どのようなことが大事だと思いますか。ノートに書きましょう。

わたしは，まず話の内容をしっかりと理解できるように，相手の言いたいことを押さえることが大事だと…。

・意見の理由が，個人的なものではなく，だれもが分かりやすいものになっていることが大切だと思った。
・自分の意見と比べて，共感できたところを取り入れることが，考えを深めるときに大事だと思いました。

　　ここでは，話を聞くときの態度面のことではなく，話の内容等のことについて書かせる。
　　難しい場合は隣と相談してもよいことにする。また，書くのが苦手な児童にはキーワードだけ書くようにさせてもよい，などの配慮をする。（ここでは書くことがめあてではない）

聞いて、考えを深めよう

め　話を聞くときに大事なことについてまとめ、学習をふりかえろう

◇　話を聞くときに大事なことについて考えよう

☆　友達の話を聞いたり、それをもとに自分の考えを深めるときに大事なことは何か

🔍 主体的・対話的で深い学び

・本時では，できるだけたくさん「話し合い」活動の時間を取り，他の人の意見をより多く聞く機会とさせたい。

準備物

---

3 対話する　書いた意見について，グループで話し合おう。

「では，書いたことをもとにグループで話し合いましょう。グループで話し合ったことを，あとから全体で発表してもらいます。」

「話を聞くときに大事なことは何か？」というテーマからでないように注意しておく。

メモをとるのも，後で意見を見直せるから大事だと思った。

でも相手が言いたいことをその場でしっかり理解して覚えている方がもっといいかも。

わたしは，やっぱり意見と理由がしっかりとつながっているのが大事だと思ったよ。

クラスの実態によっては，自由に動いて交流してもよい。

---

4 まとめ・発表　全体で交流しよう。
振り返る　学習を振り返ろう。

では，どんな意見が出たか発表してください。

理由の中に例が入っていると分かりやすくて，より説得力が増すという意見がでました。わたしもそう思いました。

話し合った意見を発表させ，まとめる。

「では，教科書を読んで確かめましょう。」

教科書 P43 下段『たいせつ』『いかそう』の内容を確かめ合う。

「とてもよい意見が出ていましたね。今回学んだことをこれからの話し合い活動や学級会で生かしていきましょう。」

教科書 P43『ふりかえろう』についても確かめ合い，時間があれば，学習全体を振り返り，感想を書かせてもよい。

漢字の広場 1

◎ 指導目標 ◎

・ 第 5 学年までに配当されている漢字を書き，文や文章の中で使うことができる。

・ 書き表し方などに着目して，文や文章を整えることができる。

・ 5 学年までに配当されている漢字を積極的に使い，学習課題に沿って出来事を説明する文を書こうとすることができる。

◎ 指導にあたって ◎

①　教材について

　　町のあちこちでいろいろな出来事が起こっている様子をイラストと言葉で表しています。5 年生までに習った漢字を正しく使いながら，出来事を記事にして，町の人に伝えます。どんなことが起こっているのか，イラストを見て探すだけでも楽しい教材です。

②　主体的・対話的で深い学びのために

　　この教材の狙いは全学年までの配当漢字の復習です。それを教師が常に頭の中に留めておきましょう。その上で，「町の人に町の様子を伝える」という条件をはっきりと児童に意識させ，書かせましょう。「書く活動」を，全体で発表，グループで，ペアで発表し合うなど，「話す活動」も含めた学び合いの形となるよう工夫して漢字の復習をさせたいところです。

◉ 評価規準 ◉

知識 及び 技能	第 5 学年までに配当されている漢字を書き，文や文章の中で使っている。
思考力，判断力，表現力等	「書くこと」において，書き表し方などに着目して，文や文章を整えている。
主体的に学習に取り組む態度	第 5 学年までに配当されている漢字を積極的に使い，学習課題に沿って出来事を説明する文を書こうとしている。

◉ 学習指導計画　全 1 時間 ◉

次	時	学習活動	指導上の留意点
1	1	・教科書の絵を見て，町のあちこちで起こっている出来事を想像する。 ・教科書に提示された言葉を正しく使いながら，出来事を記事にして，町の人に伝える文を書く。 ・書いた文章を見せ合い，交流するとともに，示された漢字に触れる。	・配当時間が 1 時間しかないため，あまりじっくりと取り組むことができない。例を挙げて書き方を説明したり，グループごとに絵の範囲を区切って取り組ませるのもよい。

DVD **収録（漢字カード，黒板掲示用イラスト）** ※本書 P84，85 に掲載しています。

本時の目標
既習の漢字を使って文や文章の中で使うことができる。

授業のポイント
絵を見ると様々な場面に分かれている。その中で自分が書きたいと思う出来事を囲んでから書かせるようにするとよい。

本時の評価
提示されている漢字を正しく用いて，町の出来事を記事にして書いている。

〈漢字カードの使い方〉漢字カードをイラストの上に貼っておきます。児童が使用したカードを

板書例

◇ 出来事を記事にして、町の人に伝えよう

（例）お寺では、文化財である仏像を、どのように保護していくかについて話しています。

条件
① 書かれている漢字をできるだけ多く使う
② 出来事を記事にする

・今年も 桜 なみ木の下で 句会 が開かれました。（岡崎）

・復旧 工事をしている道路は 立ち入り禁止 です。（田中）

・防災 訓練では、燃える 火を消す練習をしていました。（竹内）

・結婚式では、新婦 を 囲ん でみんながお祝いしています。（久保）

※早く考えられた児童に文章を書きに来させる。
※教科書提示の漢字は，後で教師が読み上げるとき，カードを貼るか赤で囲むとよい。

---

1 読む 出し合う — 言葉を読み，イラストの中の様子ついて発表しよう。

「6年生になって1回目の『漢字の広場』です。」

1時間の中で，条件付きの作文を書き，互いに発表・交流する時間も取った上での漢字の復習となる。

まず，掲示されている漢字をみんなで声に出して読み，読み方を確かめ合う。

絵をよく見ましょう。この絵の中の人達はどんなことをしていますか。

お花見をしている人がいます。

畑を耕している人がいます。

・お寺で掃除をしている人がいます。
・畑で肥料をまいている人がいます。楽しそう。
・結婚式をしています。

絵から想像できることをどんどん発表させる。

2 めあて つかむ — 本時の活動の目的と流れを確かめよう。

では，次に文章を書いていきます。できるだけ，出ている漢字を使うことが条件の1つです。

絵を見て想像するんだね。

この漢字を使えば，どんな文章でもいいのかな。

「あと1つ，条件があります。分かりますか。」
・出来事を記事にすると書いてあります。

ここで本時のめあてと条件を板書する。

「教科書の説明を読んでみましょう。（音読）町の人に伝える記事にすると書いてありますね。例文がありますのでみんなで読んでみましょう。」
・お寺では，文化財である仏像を…。

「記事にする」ということが分かりにくい児童がいる場合も考えられる。例文を読んで確認する。教師が何か1つ文章を作って読んであげるのもよい。

移動させると，使用していない残りの漢字がすぐに分かります。

漢字の広場 1

五年生までの漢字を使って町の出来事を想像し、記事にして町の人に伝えよう

め

※イラストの上に漢字カードを貼る。
※児童が使用した漢字カードを移動する。

主体的・対話的で深い学び

・5年生までの既習の漢字を正しく使うことが出来るよう，隣やグループで交流させ，自分から読み方に気づかせる。

・絵を見て記事にする文をどんどん考えさせるとよい。そのとき，隣と相談したり，書こうと思った出来事を囲って焦点化したりして取り組ませる。

・配当時間は1時間しかないため，あまりじっくりと取り組ませることができない。グループごとに絵の範囲を区切って取り組ませることにしてもよい。

準備物

・漢字カード　DVD 収録【6_08_01】

・教科書 P44の挿絵の拡大コピー
　（黒板掲示用イラスト　DVD 収録【6_08_02】）

・国語辞典

3 書く　文章を実際に作ってみよう。

「どんな文を書けばよいか分かりましたね。では，ノートに書きましょう。1つ書けたら手を挙げましょう。」

　早くできた児童の文章を確認して，よければ前に何人か書きに行かせる。そうすることで，書けなくて困っている児童が書き方を理解する助けとなる。

水質調査をしている人がいるからそれを書こうかな。

防災訓練について書こうかな。

　何人か前に見本で書かせた後は，各自どんどん書いていくように伝える。できるだけ多く書かせるようにしたい。

「書けたら，出てきた漢字ができるだけ使われているか，町の人に伝える記事になっているか，見直しましょう。」

4 交流する　振り返る　書いた文章を交流しよう。

では，友達とお互いに1つずつ読んでいきましょう。聞いたら感想も伝えましょう。

「大きな荷物を往復して配って歩くのはとても大変です。」というのは面白いね。

「お寺では歴史ある仏像が文化財となっています。」というのもいいね。

　クラスの実態によって，隣の友達と，班の形で，自由に歩いて，というように互いに確認する形を変えて交流するとよい。

　交流する中で，教科書提示の漢字を相手が赤で囲ってあげる，という形をとるとよい。もし，間違えていた場合は友達が直してあげる，としてもよい。

「たくさんの人と交流できましたか。最後に何人かに発表してもらいましょう。」

・防災訓練では，燃える火を消す練習をしていました。

・結婚式では，新婦を囲んでみんながお祝いしています。

※他，漢字カード 25 枚分を収録しています。

〈練習〉笑うから楽しい／時計の時間と心の時間
〔情報〕主張と事例

全授業時間 7 時間

◉ 指 導 目 標 ◉

・ 原因と結果など情報と情報との関係について理解することができる。

・ 事実と感想，意見などとの関係を叙述を基に押さえ，文章全体の構成を捉えて要旨を把握することができる。

・ 目的に応じて，文章と図表などを結び付けるなどして必要な情報を見つけたり，論の進め方について考えたりすることができる。

・ 文章を読んで理解したことに基づいて，自分の考えをまとめることができる。

・ 進んで主張と事例の関係を捉えて読み，学習課題に沿って自分の考えをまとめて発表しようとすることができる。

◉ 指 導 に あ た っ て ◉

① 教材について

　「笑うから楽しい」という題名を見て，多くの児童は「あれ，楽しいから笑うのでは？」と思うでしょう。説明的文章を読むとき，わたしたちは「そうなのか」「あれ？」などと，これまでの知識や経験と引き合わせて読み，自分の考えを広げています。本単元でも，その説明文で述べようとしている筆者の意図を正しく読みとるとともに，それを自分はどう受け取ったのか，自分の考えを深め，話し合います。「笑うから楽しい」でまずどう読むかを学習し，それを生かして「時計の時間と心の時間」を読み，考えたことの発表と交流に進めるようにします。

　説明文を読むうえで大事なことは，筆者の考え（主張・要旨）をまとめられることと，これまでの知識や経験に基づき，読後の自分の考えなり感想が書けるということです。さらに，説明の仕方や構成についても目を向けさせます。高学年では論理的な考え方が大事になってきます。「時計の時間と心の時間」でも，考えと事例の往復など相手を納得させる論理の運び方が学べます。ただ文章表現や語句には難しいところがあり，教師からの補いや言い換え，具体化も必要でしょう。

② 主体的・対話的で深い学びのために

　この単元では，最終的に筆者の考えを踏まえて自分の意見を持つことが求められます。まさに，主体的に読むことが必要になるわけです。単元の最初から自分の考えを発表し，交流する場があることをはっきりと説明しておきます。毎時間の学習も，このことを意識して取り組ませることで，徐々に意見が深まり，まとまっていくことが期待できます。

　また，交流の時間も話す側と聞く側で終わりではなく，それによって自分の考えが明確になったり，変わったりする場として意図的に活用するように助言していきます。

◉ 評価規準 ◉

知識 及び 技能	原因と結果など情報と情報との関係について理解している。
思考力，判断力，表現力等	・「読むこと」において，事実と感想，意見などとの関係を叙述を基に押さえ，文章全体の構成を捉えて要旨を把握している。 ・「読むこと」において，目的に応じて，文章と図表などを結び付けるなどして必要な情報を見つけたり，論の進め方について考えたりしている。 ・「読むこと」において，文章を読んで理解したことに基づいて，自分の考えをまとめている。
主体的に学習に取り組む態度	進んで主張と事例の関係を捉えて読み，学習課題に沿って自分の考えをまとめて発表しようとしている。

◉ 学習指導計画　全7時間 ◉

次	時	学習活動	指導上の留意点
1	1	・学習の見通しをもつ。 ・学習課題「筆者の主張や意図を捉え，自分の考えを発表しよう」を確かめ，学習計画を確認する。	・「笑うから楽しい」という意外性のある題名に着目させ，めあてにつなぐ。 ・通読し，初めの感想を書かせる。
	2	・「笑うから楽しい」を読み，事実の部分と筆者の意見を区別し，構成を考える。 ・筆者の考えに対する自分の考えを発表する。	・筆者の考えが書かれている文と事例が書かれた段落の関係に着目させる。
2	3	・「時計の時間と心の時間」を読み，「心の時間」を中心に初めの感想を書く。 ・筆者の主張や文章全体の構成についてまとめる。	・できるだけ，自分の体験も振り返らせてそれと関連させて書かせる。 ・③④⑤⑥には「心の時間」の特性が，事例を通して書かれていることを確かめさせる。 ・難しい文や語句は，言い換えや具体的な場面の提示をして考えさせる。
	4・5	・筆者の考えと事例が書かれている段落を見分け，筆者の挙げている事実や例の要点をまとめる。 ・終わりの段落から，筆者の主張を読み取る。	
3	6	・文章全体の構成について確かめ，筆者の説明の工夫について話し合う。 ・自分の経験や筆者の意見も取り入れながら，筆者の主張に対する自分の考えを書きまとめる。	・「初め，中，終わり」の構成と，考えとその事例で説明されていたことを振り返らせる。 ・これまでの自分の知識や体験も振り返らせ，筆者の考え（主張）と比べさせる。
	7	・自分の意見を書きまとめたものを発表する。友達の考えも聞き，感想を交流する。 ・学習を振り返る。 ・「主張と事例」を読み，その関係を理解する。	・友達の感想には，自分と同じところと違うところがあることに気づかせる。 ・「ふりかえろう」「たいせつ」を活用する。 ・例を参考に，自分の考えを話させる。

📀 収録（児童用ワークシート見本）※本書 P102, 103 に掲載しています。

本時の目標
教材文の内容に関心をもち，学習のめあてと見通しを知る。

授業のポイント
「学習計画」は，まだ通読していない段階なので，大まかな見通しを話し合うとよい。
「あれ」と思わせる題名に着目させる。

本時の評価
教材文に関心をもち，学習のめあて（学習課題）と活動の流れを捉えている。

板書例

〈題名読み〉題名と自分たちの既知や経験とのずれが児童の学習意欲を掻き立てます。題名から

〈学習の進め方〉

1 「笑うから楽しい」を 読む
・筆者の主張や意図を読み取る
・自分の考えをまとめる

2 「時計の時間と心の時間」を 読む
・筆者の主張、意図
・自分の考え

3 読んで考えたことを発表する
↓
友達の発表を聞いた感想を伝え合う

・主張と事例の関係
→ 自分の考え

笑うから楽しい

中村 真

◇ 印をつけながら読んでいこう

「なるほど」 「納得」 … ○
「へえ」 「初めて知った」 … ！
「あれ?」 「どうして」 … ?
「よく分からない」 … △

---

1 めあて　説明文の学習での課題を知ろう。

「これから，『笑うから楽しい』と『時計の時間と心の時間』という 2 つの説明文を読む勉強をしていきます。」
　・「笑うから楽しい」なんで変わった題だな…。
　・心の時間って何だろう。
「今，題名を聞いて，『あれ?』と，思った人はいませんか。その人は，自分のこれまでの考えと比べて『あれ』と思ったのですね。」
　・楽しいから笑う，のじゃないかなあ。

筆者は『笑うから楽しい』と書いています。このような筆者の考えを読み，自分の考えと比べてみる…という勉強をこれからしていきます。

「時計の時間と心の時間」の学習にいかしましょう，って書いてある。

どうやっていかすのかな。

---

2 確かめる 見通しをもつ　学習の見通しについて確かめよう。

「筆者は，なぜ『笑うから楽しい』と考えたのでしょう。まず，筆者の主張や意図を正しく読んでいきます。」
「次に，その筆者の考えに対して自分はどう考えるのか，思うのかを考えて発表していきます。」
　・その次は，「時計の時間と心の時間」を読むのかな。
「『笑うから楽しい』で読み取り方を練習して，次は少し長い『時計の時間と心の時間』を読むのです。」

練習と同じように筆者の言いたいこと（主張や意図）を読み，自分はどう思うのかをまとめるのです。

筆者の言いたいことが分からないと，それに対する自分の考えは持てないよね。

「最後に，読んで考えたことを発表し合いましょう。」

　「意図」の意味を説明し，2 つの学習内容と学習の手順を伝え，教科書 P54「見通しをもとう」を確かめ合う。

筆者の考えを想像してみるとよいでしょう。

板書

笑うから楽しい
時計の時間と心の時間

（め）
学習課題を確かめ、学習の見通しをもとう

「笑うから楽しい」＝筆者の考え（主張・意図）
あれ？
「楽しいから笑う」＝自分の考え
⇔　比べる

筆者の主張や意図をとらえ、自分の考えを発表しよう

・主張を伝えるために、どのような言葉が使われているか

主体的・対話的で深い学び

・この時間では、立場を明確にしながら読むということが主体的に読むことや、深い学びにつながる。何でも「初めて知りました」「よく分かりました」ではなく、分からないところ、納得しないところもメモをしたり、記号をつけたりしておくようにさせる。

準備物

---

3 読む 音読する　「笑うから楽しい」を読もう。

まず、先生が読みます。筆者の「意図」を、考えながら聞きましょう。

なぜ、笑うと楽しくなるのだろう？

　範読後、児童にも交代で音読させる。まず、正しく読めるようにした後、クラスのやり方に応じて、漢字や語句調べをしていく。高学年では「密接」「要素」など、辞書的意味だけでなく解説が必要な語句も多くなってくる。また、「脳」の働きなどについても児童は知らないので、教師の説明が必要となる。
　この文章は、題名そのものが「問いかけ文」の役割をしている。「どうして、笑うから楽しいの？」「答えは？」という、構えで本文を読ませる。

---

4 書く 交流する　初めの感想を書いて、発表しよう。

「『なるほど』や『どうして？』などの印をつけながら読んでいきましょう。」

　クラスで決めた印（○）（!）（?）（△）を教科書につけていかせる。（板書参照）
　他に、賛成（◎）や反対（□）など、印は自由に決めておくとよい。印を入れながら読むことにより、文章と「対話」することになる。

『へえ、』と思ったことや『なるほど』と思ったことを中心にして、感想を書きましょう。

血液温度と心の動きが関係しているなんて初めて知りました。

にっこり笑顔を作ると、楽しくなくても楽しくなるのかな、と思いました。

「感想が書けたら発表しましょう。」
　初発の感想を交流する。

笑うから楽しい

本時の目標
「笑うから楽しい」という筆者の考えとその事例を読み取り，自分の考えを発表できる。

授業のポイント
「脳」の働きが鍵となる。児童には文章だけでは分からないところもあり，教師が説明で補う。展開4に時間をかける。

本時の評価
筆者の考えと事例が書かれている段落を区別でき，自分の考えを書くことができている。

〈文章構成〉説明文は文章構成を学ぶのに適した教材です。筆者の考えと事例を区別しながら，

板書例

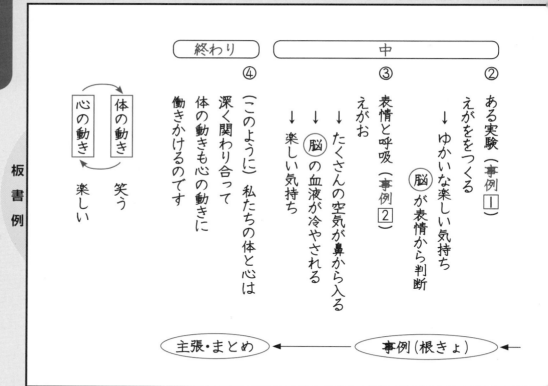

終わり

④

体の動き → 心の動き
心の動き → 体の動き
　笑う
　楽しい

（このように）私たちの体と心は深く関わり合って体の動きも心の動きに働きかけるのです

中

③
えがお
↓ たくさんの空気が鼻から入る
↓ 脳 の血液が冷やされる
↓ 楽しい気持ち

表情と呼吸 （事例 ②）

②
ある実験 （事例 ①）
えがをををつくる
↓ ゆかいな楽しい気持ち
脳 が表情から判断

主張・まとめ ← 事例（根きょ） ←

---

1 めあて　題名から，説明文の問いと答えについて考えよう。

「『笑うから楽しい』という題名を読んで，どんなことを思いましたか。」
　・笑うから楽しいとはどういうことなのか，知りたいと思いました。
「筆者は，題名で『笑うから楽しい』とはどういうことなのか，なぜそう言えるのかという問いかけをして，説明しようとしているのですね。」

その答えは，どこにどう書かれているのか，全文を読んでみましょう。（交代で音読）答えは見つかりましたか。

①段落に書かれています。

④段落にも書いています。

　　説明的文章は，「問い」と「その答え」で説明されることが多い。ここでは，題名が「問い」の役割をして，①段落が「答え」になっている。

---

2 読み取る 交流する　「初め」の①段落を読み，筆者の主張を読み取ろう。

①の中で，筆者がいちばん言いたいことが書かれている文を見つけましょう。

はじめの2文は，「なるほど，納得」の文だけれど，いちばん言いたいことではないかな。

「体を動かすことで，心を動かすこともできるのです。」だと思います。

　「しかし，それと…」から筆者の考えになっていることを読み取らせたい。

「それは，どんな意味だと思いますか。思い当たることはありませんか。」
　・ぼくも，サッカーをしていると気分がいいです。
　　「体を動かすことで，心を動かすこともできる」は難しい文なので，経験を出し合い具体化する。
　　文の組み立てでいうと，筆者の考えが書いてある①段落は「初め」となることも説明する。

はじめ・中・終わりの文章構成を捉えましょう。

笑うから楽しい　中村　真

め
筆者の考えとその事例を読み取り
自分の考えを発表しよう

「笑うから楽しい」とは？
筆者の問いかけ → 答えは①④段落

初め

① 心の動きが体の動きに表れる
（楽しい）→（笑う）
しかし
体を動かすと
心を動かすことができる

─ 筆者の主張

🔍 主体的・対話的で深い学び

・感想の交流による対話的な深い学びを目指したい。前の時間に自分の感想や意見が記号などできちんと残されていれば、友達との相違がはっきりとする。どちらが正しいかではなく、なぜ自分はそう感じたり、考えたりしたのかが説明できることを目指したい。

準備物

---

3 対話する／読み取る　「中」である②③段落を読み、挙げられている事例を確かめよう。

②段落には何が書かれているでしょう。

「笑うから楽しい」の理由です。

実験した例が書かれています。

脳が体に合わせて心の動きを呼び起こすことがあるんだ！

・笑うと楽しい気持ちになることを、笑顔を作る実験をして確かめたことです。ぼくもやってみよう。

「②段落では、体を動かすと心も動く、と筆者が考えるわけ（根拠）の例が書かれていますね。これを『事例』といいます。③段落はどうでしょう。」

・笑顔が楽しい気持ちを生じる事例です。脳内の血液温度と関わっているんだね。深呼吸したときと同じかな。

・事例があると、筆者の主張が分かりやすいね。

脳については、教師が具体例も出し説明で補う。

---

4 まとめ／書く・交流　「終わり」の④段落を読み、自分の考えをまとめよう。

④段落で書かれている筆者の考えをまとめましょう。

①段落と同じで「体の動きが心の動きに働きかける」と書いてあります。

もう一度自分の考えを述べているんだね。

「④段落は、前の段落の事例を受けて、『このように』というまとめの段落です。筆者がいちばん言いたいことが書かれた『終わり』の段落です。」

　この説明文で、要点でありまとめにあたる1文（「楽しいという…働きかけるのです。」）を確認しておく。

「では、この筆者の主張に対してどう思いましたか。」

・ぼくも兄弟げんかしたとき、お母さんに無理やり笑顔を作られて嫌な気分がとんでいったことが…。

　自分の経験などを振り返りながら考えさせたことをノートに書かせ、交流する。

時計の時間と心の時間

本時の目標

「心の時間」とは何かを考えながら全文を読み，文章全体の構成を捉え，初めの感想を書くことができる。

授業のポイント

「心の時間」については，自分の体験に引き寄せ，およそこんな時間のことだろうと分かればよい。

本時の評価

本文を読み通し，文章全体の大体の構成を捉え，「心の時間」について思ったことを書いている。

板書例

〈対話〉自分の知っていることではなく，自分の経験に即して話すようにすると，心の時間とは

「なるほど」「へえ」「初めて知った」「あれ？」「どうして」「よく分からない」
…　…　… … … △ ？ ！ ○

◎ 筆者が考える「時計の時間」「心の時間」とは？

☆ 言葉に着目して
「時計の時間」… 時計が表す時間
「心の時間」… 私たちが体感している時間

◇「心の時間」について思ったことを書こう
☆ 自分の体験や実感も入れて

〈文章全体の構成〉
初め　①段落　… 筆者の主張
中　②〜⑦段落　… 根きょ（事例など）
終わり　⑧段落　… 筆者の主張・まとめ

---

1 つかむ　「時計の時間」「心の時間」とは何だろう。

「今日から，前の時間の『笑うから楽しい』の学習を生かして，次の説明文を読み取っていきましょう。」

「時計の時間と心の時間」という題名です。「時計の時間」とはどういう時間なのでしょう？

今，9時です。これが時計の時間（時刻）だと思います。

「1校時は 45分。この 45分（間）も，時計を見ると分かります。」
　　時刻と時間を区別しておく。

「時計を見ると分かる時間，計れる時間が，『時計の時間』のようですね。」
「では，『心の時間』とは何でしょう？分かりますか。」
　・心にも時計があるのかな？うーん，何だろう？

---

2 読む　「心の時間」を考えながら全文を読もう。

全文を読みます。「心の時間」を考えながら読みましょう。

分からない意味の言葉には印をつけておこう。

教師がまず範読し，児童にも交代で音読させる。その後，教科書に①〜⑧の段落番号をつけさせ，語句の意味調べをする。（クラスのやり方で進める）
　○日常語でない語句を確認する。
　○辞書的意味とともに文中での意味も具体的に考えさせる。（「ここでの体感とは何か？」など）
　○調べた意味はクラスみんなで共有する。

「『心の時間』って分かりましたか。」（軽い問いかけ）
　・ぼくはゲームをしていると時間がすぐに過ぎちゃう。
　・苦手な勉強時間は長く感じるなあ。

何かについて交流が豊かなものになります。

時計の時間と心の時間　一川　誠

㋱　「心の時間」とは何かを考えながら全文を読み、筆者の主張と、文章の大体の構成をとらえよう

「時計の時間」…　九時、四十五分（間）、計れる

「心の時間」…　？
・ゲームしていると速く過ぎる
・勉強時間は長く感じる

※児童の発表を板書する。

◇印をつけながら読んでいこう

🔍 **主体的・対話的で深い学び**

・ここでは，「心の時間」について，実感として納得できるか，できるならばどんなときがあてはまるかを具体的に交流させたい。ゲームや勉強では共感できる児童が多いと思われる。

準備物

---

3 読む・書く　印をつけながら文章と「対話」して読み，初めの感想を書こう。

「時計の時間」「心の時間」とは何か，筆者の主張は文章のどこにどう書かれているか考えながら読みましょう。

「笑うから楽しい」のときと同じように…。

○?!△ の印をつけていくんだね。

　　教科書 P54 下段の「言葉に着目する」を確かめ，記号（「○」「?」「!」「△」など）をつけながら黙読させる。

「筆者は，どんな時間を『時計の時間』『心の時間』とよんでいましたか。それはどこに書かれていましたか。」
　・②段落。「時計…」はやっぱり時計が表す時間です。
　・「心の時間」は，体感している時間のこと，とある。
　・その後に，「心の時間」の特性の事例が書かれている。

「では，この『心の時間』について『なるほど』と思ったこと，自分が感じたことなど発表しましょう。」
　　自分の体験や実感も入れて簡単に書かせ，交流する。

---

4 まとめ・交流する　筆者の主張と，文章の大体の構成を確かめよう。

この文章で，筆者が主張したいことは何でしょう。どこに書いてあるでしょう。

①段落と⑧段落に書いてあると思います。

どちらも２つの時間があることと，「心の時間に目を向ける」大切さについて書いてあります。

「『笑うから楽しい』と同じように，最初と最後の段落に筆者の主張が述べられているようですね。では，この文章を『初め』『中』『終わり』で分けられますか。」
　・①段落が『初め』の段落です。
　・⑧段落は「このように」で始まる『終わり』の段落。
　・じゃあ，②〜⑦段落が『中』になるね。
　・「心の時間」の特性について説明している。
「そうですね。『中』には，筆者がどうしてそう考えるのか詳しく事例を挙げて述べられているのですね。」

「次時から，筆者の主張を詳しく読んでいきます。」

〈批判的読み〉筆者の考えや事例に対して, 自分の考えをつくる批判的読みをします。そうすると,

本時の目標
筆者の考えと事例が書かれた段落を関連させて読み, 心の時間の特性をまとめることができる。

授業のポイント
④段落の事例の, 実験内容とグラフの読み取りは難しい。児童とやってみたり, グラフの数字を丁寧に読み取らせたりする。

本時の評価
筆者の考えを読み取り, その事例から,「心の時間」の特性をまとめている。

板書例

「時計の時間」地球の動きをもとに定められ同じように進む

「心の時間」体感している時間のことで同じものとはいえない

特性 → さまざまな事がらのえいきょうを受けて進み方が変わる

③段落〔事例①〕
その人がそのときに行っていることをどう感じているかによって進み方が変わる
楽しい → 速く
たいくつ → おそく

④段落〔事例②〕
一日の時間帯によっても進み方が変わる
昼 → 朝・夜
30秒 → 37秒 → 速く
体の動きに関係

---

1 振り返る つかむ 「笑うから楽しい」の学習を振り返り,「事例」の段落を見つけよう。

「『笑うから楽しい』では, 段落の内容が 2 つに分かれていましたね。」
・「筆者の考え」と「事例」です。

教科書 P54 のリード文 2 つ目「筆者の主張と, それを支える事例の関係をとらえ…」を読む。

まずは, ①から⑧の段落で,『事例』について書かれている段落を見つけましょう。

③は「例」とあるから「事例」です。

④⑤⑥は「心の時間」の特性の事例じゃないかな。

・①と②はどちらも, 筆者の考えだから違う。
・⑦や⑧は「ここまで見てきたように…」や「このように」があるからまとめ（筆者の考え）です。
「大体, どの段落に事例が出ているか分かりましたね。では, これから各段落の内容を見ていきましょう。」

2 読み取る 書く ①, ②段落を読み, 要点をまとめよう。

①段落で, 筆者が言いたいことはどの文に書かれているでしょう。①段落の要点をワークシートに書きましょう。

そして, 私は,「心の時間」に…の文じゃないかな。

「私は,」とあるから, 筆者の考えだよね。

「②段落は,『時計の時間』と『心の時間』の 2 つの時間の説明があります。違いをまとめてみましょう。書き出しは,『時計の時間は…, 心の時間は…』です。」
・「心の時間」は「時計の時間」と違って, いつでも, どこでも, だれにとっても同じように進まないんだね。
・進み方が変わるのが「心の時計」の特性なんだね。
・様々な事柄の影響を受けて変わるんだね。
「『心の時間』の特性についても書かれていますね。」

ふつう「要点」とは, 段落の主旨,「要旨」とは, 文章全体での筆者の主張, 言いたいこと（主題）を指す。

展開3・4がより実感を伴う学びになります。

時計の時間と心の時間

め 各段落の要点をまとめ、「心の時間」の特性に関する事例を確かめよう

① 段落（考え）
そして、私は、「心の時間」に目を向けることが時間と付き合っていくうえで、とても重要であると考えています。

② 段落（考え）… 二つの時間の説明

要点

主体的・対話的で深い学び

・児童の実態によっては、「考え」と「事例」について具体的に考える時間をとってもよいかもしれない。「算数は大切だ」（考え）「買い物のとき計算がすぐにできなくてあせった」（事例）、「給食より弁当の方がいい」（考え）「お母さんは、好きな唐揚げをよく入れてくれるから」（事例）などと身近な例をあげていくことで、理解が深まる場合もある。

準備物

・ワークシート「各段落の要点まとめ」
（児童用ワークシート見本 DVD 収録【6_09_01】）

3 読み取る 書く　③段落を読み、「心の時間」の特性をまとめよう。

「③から⑥段落は、『心の時間』の特性について事例を挙げて説明しています。」
・何によって進み方が変わるかが詳しく書かれているね。

③段落は、どんな特性についての事例でしょう。

楽しいことをしているときは時間がたつのが速く、たいくつなときは遅く感じるということだね。

「その人がそのときに行っていることをどう感じているかによって進み方が変わる」事例です。

「②段落の筆者のどの考えの事例になりますか。」
・「みなさんは、あっというまに…」の例だと思います。
・人を待っているとき、時計ばかり見て長く感じた経験があります。
　②段落の考えと③段落の事例とを対応させ、自分の体験を振り返らせる。

4 読み取る 書く　④段落を読み、「心の時間」の特性をまとめよう。

④段落では、何によって「心の時間」の進み方が変わると書いてありますか。

1日の時間帯によってです。

朝か昼かによってです。

時間帯によって進み方が変わる実験をしています。

　実験は実際にやってみると、手順と内容が児童にもよくのみ込めるだろう。グラフも難しい。「1日4回とはいつですか」「経過時間が一番長いのはいつですか」などの問答で丁寧に数字を読み取り、本文と対応させる。

「この実験の結果から分かったことは何ですか。」
・朝や夜は、昼よりも時間が速くたつように感じるということです。
「みんなもこんなことを感じたことはないですか。」
・朝、学校に行くまでの時間はあっという間に過ぎるように感じます。

時計の時間と心の時間

第 5 時 （5/7）

本時の目標
⑤⑥段落の要点をまとめ，⑦段落はこれまでの事例から「2つの時間」についての考えを述べていることが分かる。

授業のポイント
「社会」「可能」「不可欠」「ずれ」など，⑦段落も文脈に応じた言葉の意味の具体化や例示が必要となる。

本時の評価
⑤⑥段落の要点をまとめ，⑦段落で述べている筆者の考えを読み取っている。

板書例

〈批判的読み〉展開4では，筆者の主張を読み取るだけでなく，それに対する自分の考えを表し

⑥段落（事例）4
人によって（心の時間の）感覚がことなると
ここちよいテンポ
活動のペース
∨
人によってちがう

⑦段落（考え）
「ここまで見てきたように…」
・「心の時間」の四つの事例のまとめ
・「時計の時間」にずれが生まれ，時計の時間通りに進めるのは難しい
「このことから…」
・時計の時間が不可欠である
・「時計の時間」と「心の時間」は社会を成り立たせている

⑧段落（考え）… 筆者の主張
「このように…」
・二つの時間と共に生活している
・「時間」と付き合う

---

1 読み取る・書く ⑤段落を読み，「心の時間」の特性をまとめよう。

（先生）今度は「心の時間」の進み方は何によって変わると書いてありますか。

（児童）身の回りの環境です。

（児童）刺激の多さと関係があると言っています。

・「刺激の多さと時間の感じ方の変化」の実験をしています。何か難しそう。
「刺激（＝円）の数を増やすと，表示された時間をどのくらいに（長く，短く）感じるかという実験ですね。」
「実験の結果からどんなことが分かりましたか。」
　・円の数が多いほど長く感じた。
　・刺激が多いほど時間の進み方が遅く感じる。

　この事例は児童の経験と結びつきにくい。また，この文章はやや複雑なため，実験の手順や結果を教師が具体的に言い換えるなどして説明し，まとめさせる。

2 読み取る・書く ⑥段落を読み，「心の時間」の特性をまとめよう。

（先生）⑥段落では，「心の時間」にはどんな特性があると書いてありますか。

（児童）「人によって感覚がことなる」とあります。

（児童）どういう意味かな。

言葉の意味を捉え，必要な場合は具体例も示す。

「ここでも簡単な実験をしていますね，みんなもこの実験をしてみましょう。」
　・机を指でトントン軽くたたいてみるんだね。
　・自分にとって心地よいテンポ？よく分からない…。
　・ぼくはゆっくりしたペースが合っている気がする。
「『人によって感覚が異なる』とはこんなことかな？と思ったことはありませんか。」
　・ぼくは，早口だと言われるのもそうだと思いました。

　⑥段落の「心の時間」の特性をまとめさせる。

ます。考えを表明し，学びの参加者になります。

時計の時間と心の時間

⑩ 各段落の要点をまとめ，「心の時間」の特性に関する事例と筆者の主張について考えよう

⑤段落（事例③）
「心の時間」の進み方
身の回りの環境によって進み方が変わる

刺激が多い → おそく
少ない → 速く

主体的・対話的で深い学び

・「ゲームをしていると時間が過ぎるのが早く感じる」といった漠然とした印象から，「時間帯」「環境」「人によって」の違いについての事例が出てくる。これらについてもできるだけ主体的に自分のことを振り返りながら読ませていきたい。

準備物

---

3 対話する 書く　⑦段落を読み，「心の時間」と「時計の時間」について考えよう。

「⑦段落は何について書かれていると思いますか。」
・「ここまで見て…」とあるから，事例のまとめです。
・「時計の時間」についても書いてあります。
・「時計の時間」は，社会に関わることを可能にし，社会を成り立たせているとあります。どういう意味かな。

「もし，学校で時計の時間がなかったらどうなるかな。」
　具体的な場面に置き換え，考えさせる。

「では，事例を受けて，筆者が言いたいこととは何でしょう。グループで話し合いましょう。」

「このことから」とあるから，その後の文章と思う。

1つは，「時計の時間が不可欠なもの」ということだね。

もう1つは，「時計の時間」と「心の時間」にはずれがあり，時計の時間通りに何かをするのは難しいということだと思うな。

話し合ったことを，ワークシートにまとめさせる。

4 対話する 書く・交流　⑧段落を読み，筆者の主張を読み取ろう。

「では，どうすればよいのか…それが，⑧段落に書いてあるので読んでいきましょう。」

筆者は，どんなことが大切だと言っていますか。

「心の時間」の特性を知ることだね。

生活の中で「心の時間」に目を向けることが大切だと言っています。

・「心の時間」を頭に入れて，「時計の時間」を道具として使う，「時間」とつき合う知恵を持つこと。
・確かに，人によってテンポが異なると分かっていたら，相手のことを考えて行動することができるね。
・時間帯によっても違うと知っていたら心構えもできる。

「筆者の言っていることについてどう思いますか。」
　筆者の主張をまとめ，児童に感想意見を発表させる。

時計の時間と心の時間

第 6 時 （6/7）

本時の目標

文章の構成をとらえ，説明の工夫に気づく。

文章を読んで自分が考えたことを書くことができる。

授業のポイント

展開の1，2，3は効率よく進め，4の書く活動に十分時間をとる。

本時の評価

文章の構成と説明の工夫に気づいている。

文章を読んで考えたことを書いている。

板書例

〈交流〉人の話すことに否定的な態度をとらず，何を言ってもよい空気を大切にします。お互いに

```
（終わり）

⑧

・「心の時間」にも目を向けて
　二つの時間と生活しよう
・「時間」と付き合うちえをもとう

考え（筆者の主張）

※児童の発表を板書する。
```

◇ 筆者の主張に対して考えたことを書いてみよう

・共感・納得したこと、疑問に思ったこと
・自分の経験も例にする
・文章を読んで考えるようになったこと

〈発表の例〉
・自分の考え
・理由や具体例
・まとめ

「私は、……という筆者の主張に、共感（納得）しました。（疑問に思いました）それは、私にも、……この文章を読んで、……」

---

1 対話する とらえる 文章の組み立てを確かめ，筆者の工夫を考えよう。

「この文章の構成はどうなっていましたか。」
・「初め」は①，「中」は②～⑦，「終わり」は⑧です。

「筆者の主張は，どこに書かれていましたか？」
・①の「初め」と⑧の「終わり」です。

「『中』には何が書かれていましたか。」
・②は，「時計の時間」と「心の時間」という言葉の説明があって，③～⑥は，実験などの事例がありました。
・⑦は「事例」から考えられることのまとめです。

「主張を納得してもらうために，事実や実験の事例，説明を入れ，3つのまとまりで説明しているのです。」

2 対話する 読み取る ⑧段落から筆者の主張を確かめ，考えてみよう。

　段落末の「そんな私たちに必要なのは，『心の時間』を頭に入れて，『時計の時間』を道具として使うという，『時間』と付き合う知恵なのです。」の文が筆者の主張になるが，児童には難しいところもあるだろう。

「みんなは，筆者の主張をどう思いますか。」
・ぼくは，ずっと宿題をやっていられないので，疲れたと思ったら休憩を入れてまたやったりします。宿題にかかる時間は長くなるけれど，その方が…。

　児童からすぐに考えが出ない場合などには，教師の考えを伝えるとよい。

問いかけたり，自分の経験に即して話したりします。

時計の時間と心の時間

（板書）

中	初め	め
⑦⑥⑤④③②	①	文章の構成と説明の工夫を考えよう 筆者の主張に対する自分の考えをまとめよう
考え（事例から考えられるまとめ） 事例4 事例3 事例2 事例1 考え（言葉の説明、「心の時間」の特性）	考え	

事例 1234 ── 時間の進み方がちがう 考えの根きょ
… 人によってちがう

主体的・対話的で深い学び

・同じ「納得した」でも，程度の差はあるはずと思われる。「その中でも一番，なるほど，と思ったのは?」などと一歩，深く考えさせることで新たな意見や感想が生まれ，深い学びにつながる場合もある。

準備物

・教科書 P56 「この本，読もう」の本（紹介用）

---

3 交流する 共感・納得したところ，疑問に思ったところを出し合おう。

『なるほど（共感）』と思ったところはありましたか。

朝の時間は速くたつと感じる，というところです。

楽しいことをする時間は速く進むというところもです。

「『へえ，よく分かった（納得）』というところは?」
　・「心の時間」は長さが変わることです。
　・「時計の時間」も，やっぱり大事なことだと分かった。
「では，『疑問に思ったところ』『納得できない』ところはありましたか?」
　・周りに物が多いと「心の時間」の進み方が遅くなるというところです。ぼくはあまり感じません。
「では，そのような自分の考えをまとめていきましょう。」

　　教科書 P55 下段『発表の例』を読み，参考にさせる。

---

4 書く 時間について考えたことを書いてみよう。

「共感・納得したこと」「疑問に思ったこと」を中心に，書いてみましょう。

なるほど納得と思ったのは…。

疑問に思ったのは…。

　　筆者の主張に対して考えたこと，「時間」について考えたことを，できるだけ実体験も入れながら書かせる。

「教科書の文例（P55 下）も参考にしましょう。」（音読）
　・なるほど，書き出しはこんなふうに書けばいいのか。
　・自分の体験が書かれているね。
　　書く時間に十分時間を取るために，展開 1，2，3 は効率よく進めておく。教師は見て回り，何人かの文を読み上げ，他の児童への参考にさせる。

「では，次の時間に発表し合いましょう。」

　　教科書 P56 「この本読もう」の本も紹介しておくとよい。

本時の目標
本文から時間について考えたことを発表し合い，多様な考えに気づくことができる。

授業のポイント
時間について，友達はどんなことに気づいているか，どんな体験を挙げているかに注目させて聞き合わせる。

本時の評価
自分の考えと比べながら友達の発表を聞き，同じところや違うところに気づいている。

板書例

〈対話〉対話は相手との対話であると同時に，自分自身との対話でもあります。展開4では，

・私（ぼく）も同じ
・私（ぼく）はちがう
（というところ）

◇ふりかえろう
・筆者の主張をとらえるために着目した言葉
・筆者の主張に対して，考えたこと
・事例を挙げて説明するよさについて

〈たいせつ〉
・文章全体の構成
・自分の知識・経験と関係づけながら読む
・筆者の意図を考える

《主張と事例》
☆読み手の理解を助け，主張に説得力をもたせる

```
        主　張
          ↑
   事例から分かること
    ↑   ↑   ↑   ↑
  事例 事例 事例 事例
```

（話題例）
昼休みは
長いほうがいいか、
短いほうがいいか

---

1 発表する　「筆者の主張」に対して考えたことを発表しよう。

自分の体験や考えと比べながら聞いていきましょう。

ぼくは、「時計の時間と心の時間」を読んで、「心の時間」を頭に入れて、「時計の時間」を道具として使うという、「時間」と付き合うちえが必要だという筆者の主張に、特に納得しました。それは…

　発表の形は，グループ内で全員が発表し代表者が全体の前で発表するなど，クラスの実態に応じて，やりやすい方法をとればよい。

「友達の考え方はワークシートにメモしましょう。『同じ』であれば○，『違う』考えであれば□など印をつけておきましょう。」
・みんな「筆者の主張」に対して，それぞれの経験をもとにして考えたことを発表していたね。
・同じ主張に共感していても，考えたことはいろいろあったね。

2 対話する　発表を聞いた感想を伝え合おう。

友達と同じように考えたというところはありましたか。

楽しい時間は速く過ぎるのは同じです。

わたしも同じ経験をしたことがあります。

　友達と同じように考えたところ，同じ経験をしたというところを中心に話し合いを進めていく。

・時間が速く過ぎるときとそうでないときがあると感じていました。それが「心の時間」の特性だと分かったというところが○○さんと同じです。
・「歩くのがゆっくり」と言われたことは，高橋さんの経験と同じです。ぼくも「心の時間」のテンポが関係していると思いました。
・○○さんは…だったけど，わたしは…だと思いました。

　友達とは「違う」という考え方も交流し合う。

時計の時間と心の時間

め 「時計の時間と心の時間」の筆者の主張に対して考えたことを発表し、感想を伝え合おう

◇ 自分の考えを発表しよう
☆ 筆者の主張に対して
・共感・納得したこと、疑問に思ったこと
・自分の経験をもとに

◇ 友達の発表を聞いて、感じたことを伝え合おう

🔍 主体的・対話的で深い学び

・交流のときは、友達と同じところ、違うところを意識して取り組ませたい。そのことを言葉にして相手に伝えることで、深い学びのきっかけとなるだろう。また、違いがあることを理解できたことが学びになっているということも理解させておきたい。

準備物

準備物：
・ワークシート「友達の考えメモ」
（児童用ワークシート見本　DVD収録【6_09_02】）

---

3 振り返る　学習を振り返ろう。

「「時計の時間と…」を読むときに大事だったことを、考えてみましょう。」

文章で何度も使う言葉「時計の時間」「心の時間」がどんな意味をもつか、最初に確かめました。

いくつもの事例を読んで、筆者の考えがよく分かりました。

「筆者の主張と、それを支える事例とを合わせて読むとよく理解できましたね。では、発表のときに、分かりやすくするためにしたことは何ですか？」
・自分の体験を例に入れたことです。
「考えを発表するときにも、自分が体験した事例を入れると分かりやすくなるのですね。」

「『たいせつ』を読みましょう。大事なことは何ですか。」
・文章全体の構成と、筆者の主張は何かを考える。
・事例を自分の経験と関係づけて読む。
・事例が何のために挙げられているか考える。

---

4 対話する　「主張と事例」を使って話し合おう。

「『時計の時間と心の時間』では、主張と事例の関係が出ていました。教科書57ページを見ましょう。」
・心の時間の事例が出ているね。
・筆者の言いたいことが「主張」だね。
・楽しいときは「速い」という事例はよく分かったね。
「では、この教科書の事例『昼休みは長いほうがいいか、短いほうがいいか』を使って話をしてみましょう。どんな主張ができるでしょう。」

教科書の女の子は「短いほうがいいって言っているけれど、ぼくは長いほうがいいな。

同じ意見！だったら、事例は、ドッジボールとか読書とかを取り上げたらどうかな。

　時間が限られているので、児童が出した主張や事例を全員で考えるという形でもよい。

ワークシート　第4・5・6時

時計の時間と心の時間

名前（　　　　　　　　　）

● 段落ごとに要点をまとめましょう。

段落	筆者の考え／事例	要点
①		
②		「時間の時計」は、 「心の時間」は、 「心の時間」には、　特性がある。
③		「心の時間」は、　によって進み方が変わる。
④		「心の時間」は、　によって進み方が変わる。
⑤		「心の時間」は、　によって進み方が変わる。
⑥		「心の時間」は、
⑦		
⑧		

文の組立て

時計の時間と心の時間

102

ワークシート　第7時

時計の時間と心の時間

名前（　　　　　）

● 友達の考えをメモしましょう。

友達の名前	友達の考え	同じ ○ ちがう □

時計の時間と心の時間

話し言葉と書き言葉

全授業時間 1 時間

◉ 指導目標 ◉

・話し言葉と書き言葉の違いに気づくことができる。
・進んで話し言葉と書き言葉の違いについての理解を深め，場面や相手に応じて適切な表現をしようとすることができる。

◉ 指導にあたって ◉

① 教材について

話し言葉と書き言葉，相手や場面によって表現を使い分けるということを学習します。すでに自然に使い分けができている児童もいれば，まだ慣れていない児童もいます。この学習をすることで，より適切な表現ができるようになることを目指します。

言葉は，知っているだけでは使えません。実際に話したり書いたりといったことを繰り返して身についたときに，初めて使える知識になったと言えるでしょう。そのきっかけとして，まずはこの授業の中でもできるだけ実際に，「話す」「書く」といった活動を取り入れていきましょう。

② 主体的・対話的で深い学びのために

言葉の使い分けが苦手な児童は少なくありません。授業中と休み時間，友達と目上の人など，普段から指摘はされていても定着していない場合がよくあります。

この学習では，話し言葉と書き言葉という比較的，明確に区別をしやすい内容を扱います。言葉を使い分けるということに関心を持たせて，話し言葉，書き言葉の中の使い分けにも主体的に取り組むきっかけとしたいものです。

メールやＳＮＳによるトラブルは，後を絶ちません。これも，話し言葉と書き言葉の区別を意識できていないために起こることが多くあるようです。この学習につなげて，考える機会を持つことで，深い学びとなるでしょう。

◉ 評 価 規 準 ◉

知識 及び 技能	話し言葉と書き言葉の違いに気づいている。
主体的に学習に取り組む態度	進んで話し言葉と書き言葉の違いについての理解を深め，場面や相手に応じて適切な表現をしようとしている。

◉ 学 習 指 導 計 画　全 1 時 間 ◉

次	時	学習活動	指導上の留意点
1	1	・教科書 P58 の例文を読み，話し言葉と書き言葉の違いについて考える。 ・相手や場面による違いについて考える。 ・教科書 P59 の ① の問題「友達への手紙やメールの場合」について考え，グループで話し合う。	・経験の中で気づいたことを交流させる。 ・違いについて表に整理させる。 ・話し言葉と書き言葉の特徴をふまえて，手紙やメールで気をつけることを考えさせる。

DVD 収録（児童用ワークシート見本）

本時の目標

話し言葉と書き言葉の違いと，相手や場面による違いについて気づき，理解することができる。

授業のポイント

自分たちがふだん使っている言葉をあえて使わせてみることで，丁寧語や共通語との違いを意識させたい。

本時の評価

話し言葉と書き言葉の違いと，相手や場面による違いについて考えている。

〈使い分け〉児童は話し言葉と書き言葉を混同しています。話し言葉を書き言葉に，書き言葉を

板書例

話し言葉 ＝ 音声

◎ 気持ちを表せる
（声の大きさ・上げ下げ・間）
・すぐに直せる
・こそあど言葉
・相手に応じて
　敬語
　方言か共通語か
・言葉がはさまる
・語順が整わない

書き言葉 ＝ 文字

◎ 残る
・だれでも
　分かるように
　共通語
　語順を整える
・主語を明らかに
・誤字がないように
・内容は整理・見直し

① 友だちへの手紙やメールで気をつけること

☆ 話し言葉と書き言葉の特ちょうをふまえて

---

1 めあて 比べる　学習課題を確かめ，「話し言葉」と「書き言葉」を比べよう。

「今日は，言葉の中でも『話し言葉と書き言葉』という点から言葉を考えていきたいと思います。」
・何となく分かるけど…。
・ぼくは，話すのはいいけど，書くのが苦手だなあ。
「今日のめあては『話し言葉と書き言葉の使い分けについて考えよう』です。」
　教科書 P58 上段を読み，シェフの話し言葉と，その話を文章にした書き言葉の 2 つを見比べる。

2つの表現を見て，どう思いますか。

1つ目の吹き出しの文は，シェフの話した言葉です。

2つ目は，説明を聞いた大村さんが文章にまとめたものです。

どちらも言っていることは同じだと思います。

「同じ内容でも，話し言葉と書き言葉は違う表現になる場合が多いのです。」

---

2 書く 対話する　「話し言葉」について確かめ，交流しよう。

　教科書 P58 下段「話し言葉」の解説文を読む。

「話し言葉」はどのような言葉だと書いてありましたか。

話し言葉は，音声で表す言葉です。

声の大きさや上げ下げ，間の取り方などで，自分の気持ちを表せる言葉です。

「ワークシートにそれぞれの特徴をまとめましょう。」
・言い間違いをすぐに直せる。
・実物を示しながらこそあど言葉を使える。
・相手に応じて，敬語を使ったり，方言や共通語どちらかを使ったり，言葉づかいを選べる。
・言葉が挟まったり語順が整わなかったりすることもある。

　各自で表に整理させ，書けたら発表させる。

話し言葉にそれぞれ変換する活動が有効です。

話し言葉と書き言葉

め 話し言葉と書き言葉の使い分けについて考えよう

話し言葉

食材にはこだわっていて、野菜も卵も・・・
・・・・・・・・・
※

書き言葉

食材にはこだわっていて、野菜も卵も・・
・・・・・・・・・
・・・・・・・・・
※

※教科書 P58 の例文を掲示する。

🔍 主体的・対話的で深い学び

・説明を聞くだけでなく，短い文であっても，実際に話し言葉や書き言葉に変えてみる活動を入れたい。一人ずつの作品を作る場ではないので，隣どうしやグループで，どのように変えるかを話し合いながら取り組むことで，対話的な学びになる。

準備物

・（黒板掲示用）教科書 P58上段の例文の拡大版
・ワークシート（児童用ワークシート見本 **DVD** 収録【6_10_01】）

---

3 書く・対話する

「書き言葉」についても確かめ，「話し言葉」との違いについて話し合おう。

「『書き言葉』はどうでしょう。」
　教科書 P59 上段「書き言葉」の解説文を読み，「話し言葉」と同様に，各自で表に整理させる。

「ワークシートにまとめたことを確かめ合いましょう。」

文字は残るため，だれもが分かるように，共通語で書き，語順や構成を整える。

主語を明らかにして，誤字がないようにする。

内容を整理して書き，見直しをする。

「『話し言葉』と『書き言葉』のいちばん大きな違いは何だと思いますか。」
　・表し方です。「音声」と「文字」の違いです。
「そうです。『話し言葉』だと，相手に応じて言葉づかいを選びますが，書くときは共通語がふつうなのです。」

4 対話する・まとめ

「話し言葉」と「書き言葉」の特徴をふまえて，話し合おう。

「手紙やメールでも『話し言葉』と『書き言葉』の使い分けが大切ですね。」
　・友達どうしでも，トラブルになったりするらしいよ。
　教科書 P59 の①を読む。

「みなさんも友達へ手紙やメールを送るときは，話し言葉をそのまま文字にして伝えることがありますか。」
　・友達には，話し言葉のような文で送っています。
「『話し言葉』と『書き言葉』の特徴をふまえて，どんなことに気をつけるといいでしょう。話し合いましょう。」

手紙やメールは書き言葉だから，あとまで残る。

送った相手だけじゃなくて，他の人が見ることもあるよね。

自分の気持ちが伝わらないこともあるから，誤解がないように気をつけないとね。

内容は，ちゃんと見直ししてから送るのがいいね。

教科書 P59「いかそう」についても確かめ合う。

たのしみは

◉ 指導目標 ◉

・ 構成や書き表し方などに着目して，短歌を整えることができる。
・ 語感や言葉の使い方に対する感覚を意識して，語や語句を使うことができる。
・ 古典について解説した文章を読んだり作品の内容の大体を知ったりすることを通して，昔の人のものの見方や感じ方を知ることができる。
・ 短歌に対する感想や意見を伝え合い，自分の作品のよいところを見つけることができる。
・ 書き表し方に着目して表現を整えることに粘り強く取り組み，今までの学習をいかして短歌を作ろうとすることができる。

◉ 指導にあたって ◉

① 教材について

　　これまでにも短歌や俳句について触れてきていますが，ここでは児童が短歌を作り読み合う学習をします。そのため，まず橘曙覧の短歌を読み，短歌とはこういうものだということを捉えさせます。すると，何も特別な出来事ではなく，日常の暮らしに目を向け，それを短歌にしていること，また見えたものをそのまま言葉にしていることに気づくはずです。短歌特有のリズム（調子）も感じ取れるでしょう。これを下地として短歌の形式を知らせ，児童にも短歌を作ろうと呼び掛けます。自由題ではなく，「たのしみは」という始めの五音を決めておくことにより，テーマが絞られ発想もしやすくなります。また，作文のように長い時間の出来事ではなく，ある一時を切り取っています。これらの原則的なことも，教科書の記述と合わせて児童に教えるとよいでしょう。

　　短歌を作るには，三十一音という決まった音数，形式の中でどんな言葉をよりよい表現にできるのか，言葉を吟味しなければなりません。また，短歌になる場面を見つけ出す感性も必要です。これらの活動により対象を見る目や言葉に対する感覚が磨かれ，書くという表現力を高めます。

② 主体的・対話的で深い学びのために

　　同じ五七五を扱う俳句は「省略の文学」と言われることがあります。その俳句に対し，短歌は，七七の十四音が付け加えられることになります。この十四音があるために，作り方は，短作文に近い感覚になります。どこを切り取って表現するかという意識が必要な俳句と違い，短歌では何を表現するかということが中心の課題となります。それだけ児童にとっては，素材に主体的に取り組みやすいといえるかもしれません。

　　また，交流も短歌の本来の姿でもあります。お互いに読み合うことで，読みのイメージが深まったり，意欲が高まったりするはずです。対話的で深い学びになりやすい学習といえるでしょう。

◉ 評価規準 ◉

知識 及び 技能	・語感や言葉の使い方に対する感覚を意識して，語や語句を使っている。 ・古典について解説した文章を読んだり作品の内容の大体を知ったりすることを通して，昔の人のものの見方や感じ方について知識を得ている。
思考力，判断力，表現力等	・「書くこと」において，構成や書き表し方などに着目して，短歌を整えている。 ・「書くこと」において，短歌に対する感想や意見を伝え合い，自分の作品のよいところを見つけている。
主体的に学習に取り組む態度	書き表し方に着目して表現を整えることに粘り強く取り組み，今までの学習をいかして短歌を作ろうとしている。

◉ 学習指導計画　全 3 時間 ◉

次	時	学習活動	指導上の留意点
1	1	・学習のめあてと内容を確認する。 ・橘曙覧の短歌を読み，短歌の作り方を確かめ，短歌に表したい場面について考える。	・日常の暮らしの中から，喜びや楽しみを見つけて短歌にしていることに気づかせ，自分にも作れそうと思わせる。
2	2	・短歌の形式に沿い，言葉を工夫しながら，短歌を作る。 ・言葉を入れ替えたり，語順を変えたりするなどの工夫をする。	・五感を使って，その一時の場面の様子やその時の気持ちを細かく思い出させる。
	3	・短歌発表会を行い，友だちが何に「たのしみ」を感じているのか，互いの表現のよさに着目しながら，意見や感想を交流し合う。	・友達の「たのしみ」を読み取り，自分とは違ったものの見方があることに気づかせる。 ・どの作品にも「よさ」が見つけられるよう配慮し，児童全員に短歌への親しみが感じられるようにする。

たのしみは

第 ① 時 （1/3）

本時の目標
「たのしみは」の短歌を読み，形式や内容を理解する。短歌の場面とする自分の「たのしみ」を見つけていく。

授業のポイント
教科書や児童作品例の短歌を紹介し，短歌作りのイメージをつかませる。

本時の評価
短歌の特徴を知り，短歌の場面とする自分の「たのしみ」を見つけることができる。

板書例

〈言葉の定義〉「たのしみ」という言葉の定義について，2首の短歌から共通するささやかな

〈短歌の作り方ルール〉
・五・七・五・七・七の三十一音
・小さな「っ」，のばす音，「ん」も一音とする
・「たのしみは」〜「時」

◇
・短歌にしたい場面をさがそう
・日常の暮らしの中のあるひととき
・ささやかな楽しみや喜び

たのしみは朝おきいでて昨日まで無かりし花の咲ける見る時
（たのしみは，朝起きて昨日までさいていなかった花がさいているのを見る時）

たのしみは妻子むつまじくうちつどひ頭ならべて物をくふ時
（たのしみは，奥さんや子どもといっしょに何かを食べる時）

※小黒板に書いておく。

---

1 めあて つかむ
学習課題を確かめ，学習計画を立てよう。

「今日から，短歌を作る学習をします。」
・短歌ってどういうものかな。
・どんな短歌を作ったらいいのかな。

学習課題と，これからの学習の進め方を確かめる。

「みんな，それぞれ『たのしみな時』というのがありますね。そのことを短歌に表して，みんなに発表してもらいます。」
・短歌を作って，短冊に書いて読み合うんだね。

2 読む 対話する
橘曙覧の「たのしみは」の短歌を読んでみよう。

「江戸時代の歌人，橘曙覧の『たのしみは』という短歌が2首あるので読んでみましょう。」
　教師の読みに続けて児童に3回ずつ短歌を読ませ，リズムを感じ取らせる。

「2首目の短歌ではどうですか。」
・朝起きて，昨日まで咲いていなかった花が咲いているのを見る時とあります。
・毎日の生活の中のちょっとしたことを表しているね。

「2首とも日常の暮らしから楽しみを見つけて短歌にしていますね。どんな小さな発見でも短歌になります。」

喜びであることを共通理解させます。

たのしみは

めあて 学習の見通しをもとう

「たのしみ」の短歌にしたい場面を見つけよう

〈学習の進め方〉

1 短歌にしたい場面を決める
2 短歌を作る
3 表現を工夫する
4 短冊に書いて、読み合う

橘 曙覧（たちばな あけみ）（江戸時代歌人）

主体的・対話的で深い学び

・それぞれの「たのしみ」を見つける際に、短時間でも発表や交流があると、対話的な学びが生まれる。自分の考えが深まったり、広がったりして、次の短歌作りに生かせる可能性が高まるだろう。

準備物

・短歌カード（橘曙覧の短歌2首を書いたもの）
・小黒板

---

3 対話する・確かめる　短歌の形式や内容について話し合おう。

黒板に2首の短歌を掲示する。

「声に出して読んでみて、気づいたことはありませんか。」
・五, 七, 五, 七, 七の音で作られています。
・昔の言葉が使われています。

「短歌とは、五七五七七の三十一音からできています。小さな『つ』や、のばす音、『ん』も一音と数えます。」

この2首の短歌で共通していることはありますか。

どちらも「たのしみは」で始まり,「時」で終わっています。

私たちも「たのしみは」と「時」を使った短歌を作るのかな。

短歌のルールを小黒板にまとめておき、次時でも使えるようにする。

4 交流する　自分の「たのしみ」を見つけよう。

「まず、短歌にしたい場面を探していきましょう。みんなが考える『たのしみ』にはどんなものがあるかノートに書いていきましょう。いくつでもいいですよ。」

みんなの「たのしみ」を発表してください。

リレーでゴールテープを切ったとき。

遠足の前の晩。

朝顔の新芽が出たとき。

教科書P61の1下を参考に、生活の様々な場面から楽しかったこと、嬉しかったことを思い出させ、交流する。

「橘曙覧の短歌のように日常のささやかな楽しみや喜びを見つけていきましょう。」

思いつかなかった児童には次時までの宿題としておく。

たのしみは

第 2 時 (2/3)

本時の目標
五感で表した言葉を使ったり表現を工夫したりして短歌を作る。

授業のポイント
場面の様子やその時の気持ちを，五感を使って細かく思い出させる。

本時の評価
形式を守り，五感，表現の工夫などを活用して短歌を作っている。

板書例

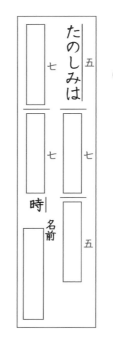

◇ 短歌にする「たのしみ」の場面を一つ選ぼう

◇ 場面の様子や気持ちを細かく思い出そう

〈五感〉
- 👁 見たもの
- 👂 聞いたこと
- 👃 におい
- 👄 味
- 🖐 さわった感じ

◇ 短い言葉で表現しよう
- 五感を使って（すべてを使わなくてよい）
- 比喩，擬人化などの表現の工夫
- 言葉の入れ替えなどで，よりよい表現に

たのしみは
五｜七｜五｜七｜七
時｜名前

---

1 めあて つかむ　短歌にする場面を選ぼう。

「今日はいよいよみんなに短歌を作ってもらいます。」

いくつか見つけた「たのしみ」の中からまず一つ短歌にする場面を選びましょう。

短歌にしやすい場面がいいな。

いくつか思いついた中で，どの場面にしようかな。

　前時に小黒板にまとめておいた短歌のルールを再度確認し，教科書 P63「たいせつ」を読む。

・伝えたい思いや様子を三十一文字の中に表すのは難しいな。何かコツみたいなものはないのかな。

「その時の様子を五感を使って言葉に表すと相手に伝わる歌ができますよ。」
・五感は，見えるもの，聞こえるもの，匂い，味，触った感じのことだね。

2 確かめる 対話する　橘曙覧の短歌で，五感で表現されているところを見てみよう。

橘曙覧の短歌で，五感で表現されているところはどこでしょう。

「頭ならべて」というのは，目に見えた，見たものです。

「花の咲ける」というのも見たものです。

五感を使って表現されている箇所を確認する。

「では，1首目の『頭ならべて』を『みんな並んで』にすると，どんな感じを受けますか。比べてみましょう。」
・「頭ならべて」の方が，みんなが身体を寄せ合っている感じがします。仲が良さそうな雰囲気がします。
・その時に見たものを短歌に入れたらいいんだね。
・作者が見た様子が想像できるね。

ことができるようにします。

〈短歌の作り方ルール〉
・五・七・五・七・七の三十一音
・小さな「っ」、のばす音、「ん」も一音とする
・「たのしみは」〜「時」

※小黒板を掲示する。

め

たのしみは

短歌にしたい場面を選び、五感で表した言葉を使い表現を工夫して短歌を作ろう

🔍 主体的・対話的で 深い学び

・児童は，自分の短歌をどう推敲したらよいのか分からない場合が多い。途中で，友達に読んでもらうという対話的な段階を入れてもよい。また，思い切って違う言葉を使ったり，視点を変えたりということは，児童には難しいので，教師の指導も積極的にアドバイスとして入れるとよい。ただし，最終的にどの表現を選ぶかは児童に任せる。

準備物

・第1時に短歌のルールを書いた小黒板（掲示用紙）

---

3 思い出す 書く

場面の様子や気持ちを細かく思い出し，短い言葉で書いておこう。

選んだ場面の様子やその時の気持ちを，五感を使って細かく思い出してみましょう。

朝顔の芽が出た時…，見たものは，黄緑色の小さな芽，種を被って丸まっていたな。触った感じは，柔らかかったな。芽を見つけたときはホッとしたな。

「では，思い出した言葉を短い言葉で表し，ノートに書いておきましょう。」
・種がついている様子をうまく表したいな。ぼうしを被っているみたいだったから「たねのぼうし」にしよう。朝顔がぼうしを深くかぶって，「はずかしそうに」しているみたいだった。
・リレーのアンカーでテープを切ったとき，テープが「ぴーんとはって」見えたな。

---

4 作る

並べ方を工夫して短歌を作ろう。

「では，今集めた言葉の中から短歌を作っていきましょう。」

次のことに気をつけて三十一音にまとめていきましょう。

○五感全てを使わなくてもよい
○言葉はわかりやすく短い言い方にする
○比喩，擬人化などの表現の工夫をする
○言葉の入れ替えなどをしてよりよい表現にしていく

　教科書 P63 の短冊「たのしみは □□□ □ 時」の枠の中に入れる言葉を吟味させる。できるだけたくさんの言葉を考えさせてから，いろいろ言葉を入れ替えてみたり，語順を変えたりするなど，工夫させるとよい。

「□枠に入れる言葉や順番を決めた人は，短歌をノートに書いておきましょう。」

　授業中に作れなかった児童には宿題とさせる。

たのしみは

第 3 時 （3/3）

本時の目標
作った短歌を発表し合い、意見や感想を交流する。

授業のポイント
どの児童の作品にも「よさ」が出るように配慮し、短歌の楽しさを感じ取らせるようにする。

本時の評価
互いの表現のよさに着目しながら短歌の感想を伝え合っている。

板書例

〈発展〉学習内容を発展させ、他の言葉でも短歌で表現する活動を取り入れます。学習の振り返りを

◇ 短歌を発表しよう

◎ 短歌を二回読む　←

◎ 意見・感想・質問
・五感に感じたことが表されているところ
・作者の気持ちが伝わってくるところ
・その人らしさが出ているところ
・場面の様子がよく分かるところ
・こうしたら、もっとよくなる…というところ

たのしみは　たねのぼうしの　小さな芽
はずかしそうに　顔を出す時　〇〇〇〇

たのしみは　リュックサック　まくらもと
置いてねる夜　朝を待つ時　△△△△

たのしみは　あついバトンを　にぎりしめ
ぴーんとはった　テープ切る時　□□□□

※児童が発表した短歌を板書する。

---

1 めあて・書く　自分の作品を短冊に清書しよう。

「今日はみんなが作った短歌を短冊にきれいに清書してもらいます。そしてお互いに読み合い、意見や感想を交流し合います。」

短冊に清書する前に、隣の席の人と作品を見せ合い、短歌作りのルールに合っているか、字の間違いがないかを確かめ合わせる。

「間違い直しができたら、短冊に清書していきましょう。」

五七五七七の区切りが分かるようにきれいに書いていきましょう。

もう間違いはないかな。

がんばって考えた短歌だから、きれいに清書しよう。

短冊用紙に鉛筆で下書きさせた後、ペンでなぞって清書させる。

---

2 確かめる　作品を読み合っていくうえでの注意点を確かめよう。

意見や感想はどういうことについて出し合えばよいでしょう。

五感に感じたことがきちんと書けているところです。

その場面の様子がよく分かるところです。

「グループに分かれて作品を読み合っていきましょう。どんなことを友達に伝えてあげるとよいでしょう。」
・いいなと思ったところです。
・表現が工夫されているところです。
・作者の気持ちが伝わってくるところです。
・その人らしさが出ているところかな。
・こうしたらもっとよくなるというところも言ってあげたらいいと思います。

「直した方がよくなるところがある時は、どう直すとよいと思うか自分の意見も一緒に言うようにしましょう。」

短歌で表現しても面白いでしょう。

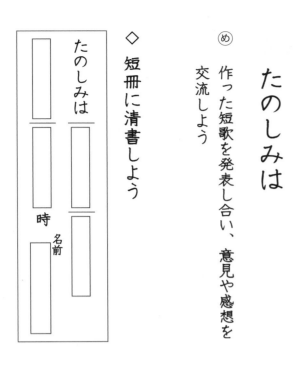

◇ 短冊に清書しよう

たのしみは

め 作った短歌を発表し合い、意見や感想を
交流しよう

たのしみは

時

名前

主体的・対話的で 深い学び

・実際の作品には，よいところもあれば，悪いところもあるのが普通
である。それでも，児童どうしの交流の場合は，よいところを中心
に交流する方がよい。欠点は指摘されてもどうすればよくなるのか
が分からない場合もあり，すでに作品として短冊に書いているもの
は，修正しにくい。交流を深い学びにつなげるためにも，2時間目
に学習した「比喩・擬人化などの表現の工夫をする」などの具体的
な注意点を確認しておく。

準備物

・短冊（児童数）
・ペン

---

3 発表する 交流する　短歌を発表し，意見や感想を交流しよう。

・「たのしみはリュックサック枕元置いて寝る夜朝を待
つ時」
・私も遠足前は同じ気持ちになります。
・○○さんのわくわくした気持ちがとても伝わってきます。

「みんな，自分で作った短歌を発表できました。いろいろな
表現の工夫がありましたね。」

---

4 振り返る 学びを広げる　短歌作りを振り返り，これからも五七五七七でまわりを見回そう。

　児童が短冊に書いた短歌は，教室内に貼ったり，学級通信
で紹介したりする。

　「たのしみは」で始まる短歌以外にも，「かなしみは」「笑
えるは」「幸せは」などはじめの言葉をかえて作らせても楽
しい。本授業だけでなく，朝の会などを使って継続的に短歌
に触れさせていくこともお薦めしたい。

文の組み立て

◉ 指導目標 ◉

・ 文の中での語句の係り方や語順について理解することができる。
・ 進んで語句の係り方や語順についての理解を深め，表現の意図に応じて分かりやすく文を組み立てていこうとすることができる。

◉ 指導にあたって ◉

① 教材について

　　文の組み立てについての学習は，説明文などで要約したり要旨を読み取ったりするうえでとても重要です。ここでは，主語と述語の関係に着目し，文をつなげたり分けたりすることで，文の内容を的確に捉えることができるようにします。この学習を契機に，説明文や物語文などでの読み取りに生かせるようにしていきます。

② 主体的・対話的で深い学びのために

　　教科書で見ると，作文の内容のように見えますが，児童の実態からすると，話し方の内容でもあります。発表の際に，「〜だから，〜で，〜なので」とだらだらと話を続けてしまうという課題は多くの児童にあります。「短く切って話しなさい」といっても，どうしてよいか分からず止まってしまうことも多いでしょう。また，教師の側でも，その場限りの指導になってしまい，結局，別の場では指導前の状態に戻ってしまうということもありがちです。

　　主語と述語と一文に一つずつ入れることで，文章も話も分かりやすくなるということを，ぜひ実感として捉え，自分の言語生活に主体的に生かす児童に育ってもらいたいものです。そのためには，この授業だけでなく，継続的に様々な場で指導を続ける必要があります。

知識 及び 技能	文の中での語句の係り方や語順について理解している。
主体的に学習に取り組む態度	進んで語句の係り方や語順についての理解を深め，表現の意図に応じて分かりやすく文を組み立てていこうとしている。

◉ 学習指導計画　全2時間 ◉

次	時	学習活動	指導上の留意点
1	1・2	・教科書で示されたカードを並べ替えて文を作る。 ・教科書の例文を読み，文章中の主語と述語を探す。 ・主語と述語の関係を見つけ，文を2つに分ける。 ・教科書 P65 の設問について考え，友達と話し合う。 ・「いかそう」を読み，文の組み立て方について理解が深められたか確認する。	・友達が作った文と見比べさせ，語順はいろいろあることと，述語は一般的に最後にくることを確かめさせる。 ・主語と述語の関係が複数ある文は，指示語を補うなどして短い文に分けて書き直せることを確かめさせる。

DVD 収録（ことばカード）

文の組み立て

第1,2時（1,2/2）

本時の目標
主語と述語に着目し、文を2つに分けたり、2つの文をつなげたりすることができる。

授業のポイント
1つの文を分けるとき、いくつかの主語と述語の関係を丁寧に押さえて、中心はどちらなのかをしっかりと確かめる。

本時の評価
主語と述語に着目し、文を2つに分けたり、2つの文をつなげたりしている。

板書例

① 枝が のび、葉が しげった。

② ぼくが 植えた 木が 育った。

◇ 二つの文に書き直そう
・ぼくが木を植えた。　・その木が育った。

《練習問題》

1 祖父が 通う 銭湯が 県庁の 近くに 移転した。

2 有名な作家が 訳した 山田さんが 感想を 述べる。

（二つの文に分けた例）
・有名な作家が外国の童話を訳した。
・それを読んだ山田さんが感想を述べる。
・外国の童話を読んだ

---

1 めあて つかむ　カードを並び替えよう。

教科書P64の5枚のカード「木を」「植えた」「庭に」「ぼくは」「昨日」をばらばらに黒板に貼る。

「この5枚のカードを並び替えて、文を作りましょう。」
・「植えた」が最期かな。
・「木を」と「庭に」は、どっちが先になるかな。
・「昨日」は、最初がいいんじゃないかな。

しばらく考えさせてから、何人かに前で並べさせる。

カードの場所は、みんなが同じところに置いたものと、人によって違う場所に置いたものとがありましたね。

「植えた」は、みんな最後に置いたよね。

最初には、「昨日」とした人と「ぼくは」とした人がいた。

「今日は、文の組み立てについて勉強します。」

2 対話する　主語と述語はどれか考えよう。

この2つの文の主語・述語はどれでしょう。主語に線を、述語に二重線を引きましょう。

① 枝が のび、葉が しげる。
② ぼくが 植えた 木が 育った。

主語は、「誰が」や「何が」にあたる言葉だから、①は「枝が」「葉が」だ。1文に2つある。

②は、「ぼくが」と「木が」で、これも主語が2つある。

・述語は、「どうする」「どんなだ」「何だ」にあたる言葉だから、①「のび」「しげる」、②「植えた」「育った」。
・あれ！述語も2つあるよ。

「そうです。この2文には2組の主語と述語があります。この2組の関係を考えましょう。」
・①は2つの文が対等に並んでくっついています。
・「ぼくが植えた」は、「木が」の主語を詳しくしています。どんな木であるか説明しています。

修飾と被修飾の関係を矢印で示し、②は、2組のうち、中心となる主語は「木が」であることを確認する。

文の組み立て

め 語順や主語と述語の関係を考えよう

木を　植えた　庭に　昨日　ぼくは

◇ 並べかえよう
・ぼくは昨日庭に木を植えた。
・昨日ぼくは木を庭に植えた。

《文の中の主語と述語》

※児童の発表を板書する。

主体的・対話的で深い学び

・主語，述語の関係を理解させた上で，1文に1つずつ使うことで分かりやすい文になることを実感させる。さらに学んだことを使う機会を持つことで深い学びとさせたい。そのために，一斉授業で一部の児童だけが発表するのではなく，ペア学習などでできるだけ全ての児童が書いた文を読んだり，聞いてもらったりする対話的な学びの場をつくる。

準備物

・ 木を　植えた　庭に　ぼくは　昨日 の黒板掲示用ことばカード
DVD 収録【6_12_01】

---

3 知る・対話する　②の文を，指示語を使って2つの文に書き直そう。

「①の文を2つの文に書き直せますか。」
・簡単です。「のびて，」を「のびた。」に変えたら2つの文になった。

・ぼくが木を植えた。その木が育った。

・②の文も，2つの文に書き直すことができます。教科書65ページを読みましょう。

・「その」という指示語が使われています。

・「ぼくが植えた」だけでは意味が分からないからね。
・「木が育った」だけでは，どんな木かの説明が抜けています。
・どちらの文にも中心となる主語の「木」が入っています。

指示語を補うことで，2組の主語・述語の関係（修飾・被修飾）がはっきりと分かることを説明する。

4 対話する・書く　主語と述語を見つけよう。

教科書 P65 の1と2の問題に取り組ませ，話し合う。

「1の問題は，主語・述語に線を引きましょう。引けたら，主語・述語の関係を矢印で表しましょう。」
・「券売機が」が主語，「故障した」述語だ。
・「電車が」も主語で，「おくれた」も述語だね。
・「祖父が〜」の文は，「祖父が通う」は「銭湯」を修飾しているね。

・2の問題は，まず，主語と述語に線を引いてから，2つの文に書き直しましょう。

・2つ目の文は，述語が3つもあって，長い文だな。

・「有名な作家が訳した」は「童話」を修飾しているから，文を分けるときに，「童話」を「それ」と書き表せるね。

練習問題の答えを，全体で確かめる。
最後に，「いかそう」を読み，文の組み立て方について理解が深められたか確認する。

天地の文

◉ 指導目標 ◉

・近代以降の文語調の文章を音読するなどして，言葉の響きやリズムに親しむことができる。
・古典について解説した文章を読んだり作品の内容の大体を知ったりすることを通して，昔の人のものの見方や感じ方を知ることができる。
・進んで文語調の文章の言葉の響きやリズムに親しみ，今までの学習をいかして音読しようとすることができる。

◉ 指導にあたって ◉

① 教材について

　福沢諭吉が子ども用の習字手本として書いた文の1つです。読み慣れない言葉遣いですが，内容としては，方角や週日など当たり前のことを書いています。それだけに，現代文のリズムとの違いを感じるはずです。

　音読で，古文のリズムを体感させることが主な目的です。一斉に読んだり，列ごとに読んだりと様々な読み方で繰り返し音読させます。すらすら読めるようになってからが，リズムを楽しめる段階です。

　意味については，訳文も載っています。先にこの訳文を読ませておくというのも1つの方法です。内容の理解は児童に考えさせることにこだわらず，教師が説明をして時間を音読に割きたいところです。

② 主体的・対話的で深い学びのために

　リズムの心地よさを実感することで，そのリズムを楽しみ，主体的にそのリズムにのって音読するという姿勢を引き出したいところです。一見，抵抗を感じる見慣れない文章ですが，現代文とは違う文章にも関心をもつきっかけになってほしい教材です。

知識 及び 技能	・近代以降の文語調の文章を音読するなどして，言葉の響きやリズムに親しんでいる。 ・古典について解説した文章を読んだり作品の内容の大体を知ったりすることを通して，昔の人のものの見方や感じ方について知識を得ている。
主体的に学習に取り組む態度	進んで文語調の文章の言葉の響きやリズムに親しみ，今までの学習をいかして音読しようとしている。

◉ 学 習 指 導 計 画　　全 1 時 間 ◉

次	時	学習活動	指導上の留意点
1	1	・教科書 P66，67 の教材文の範読を聞き，現代語訳を読む。 ・教材文を読む。 ・分からない言葉を確かめ，本文のおおまかな内容を理解する。 ・リズムを感じられるよう音読練習する。 ・筆者の考えについて感想をもつ。	・時間や週日などの決めごとについて内容の大体を理解させる。 ・現代と違う読み方や，どこで区切るかに気をつけ，友達と聞き合いながら繰り返し音読させる。

🔘 収録（イラスト）

天地の文

本時の目標
親しみやすい古典について内容の大体を知り，リズムを感じながら音読することができる。昔の人のものの見方や感じ方を知ることができる。

授業のポイント
古文のリズムのよさを感じさせることに時間配分の上でも配慮したい。

本時の評価
古文の内容の大体を知り，特徴あるリズムを感じながら音読している。

板書例

〈想像力〉先人の文章から，筆者の願いを想像します。「稚き時に怠らば老いて悔ゆるも甲斐

《言葉》
- 日輪 … 太陽
- 週日 … 一週間の日、週
- 名目 … 名前、一週間の日の名前
- 怠らば … 怠けたら
- 甲斐なかる … しかたがない

《音読練習》
- ひとりで ・となりの人と

◇ 筆者の思いについて考えよう
（最後の一行）
稚き時に怠らば老いて悔ゆるも甲斐なかるべし。

- （子どもに）しっかり勉強を
- あとで後かいしないように、がんばれ
- 昔も今も同じだなあ

※児童の発表を板書する。

---

1 聞く・知る ― 「天地の文」の範読を聞こう。

教科書 P66 の題と，その下の最初の4行を読む。

「『天地の文』は，福澤諭吉が書いたものです。福沢諭吉は，社会の資料集にも出ていましたね。」
- 明治時代の人だ。お札にもなった人だよね。

「まだ江戸時代からたいして時間がたっていない明治の初め，書き言葉の文は今とはずいぶん違いました。」

まず、先生が読みます。聞いてください。

難しい習字手本だね。

話し言葉も難しかったのかな。

範読し，下部記載の「天地の文」を書いた歴史的な背景（和暦から太陽暦へ）も確かめる。

「話し言葉は，書き言葉ほどは今と違わなかったようです。」

---

2 読む・交流する ― 「天地の文」を読み，感想を出し合おう。

「では，まず左側の訳から読んでみましょう。」

教科書 P67 の現代語訳を読む。

「訳の文を読んで，どう思いましたか。」
- 東西南北の説明とか，当たり前のことだった。
- 意外と内容は簡単で，知っていることばかりです。

「書いてあることは，特別難しくもないですね。では，元の文を先生に続いて読みましょう。『天地日月。』」
- （全員で）天地日月。

追い読みで，読み方を確かめながら音読する。

書いてあることを知ってから、この「天地の文」を読んで、どう思いましたか。

お侍さんの感じがする。

すらすら読めないよ。明治時代の人はこれを読んでいたんだね。

最後の1行を見ると、子どもにしっかり勉強しろよって言いたかったのかな。

なかるべし」を肝に銘じて頑張る児童を育てましょう。

板書例（黒板掲示用の縦書き）:

天地の文

福澤 諭吉 作

め 「天地の文」を声に出して読もう

・福澤 諭吉 作
　・明治時代の初め
　　（江戸時代のあと）
・子ども用の習字手本として
　（書き言葉）

※画像，または
　イラストを掲示する。

🔍 主体的・対話的で深い学び

・この教材では，とくに音読すること，さらにスムーズに音読できることが重要である。それによって，自分からリズムの心地よさを体感することにつながり，その感想を交流することに発展すれば理想的である。

準備物

・福沢諭吉のイラスト（黒板掲示用）　💿 収録【6_13_01】

---

3 知る つかむ　分からない言葉を確かめ，本文のおおまかな内容を理解しよう。

「分からないところを確かめていきましょう。」

天地日月

「最初の「天地日月」から，何が言いたいのか分かりません。」

「そうですね。1部が題名になっている大事なところのはずです。自然や時間の流れについて書くよ，という始まりと考えておきましょう。文はどうですか。」
・手紙。「天地の文」は，「天と地からの手紙」かな。
「自然が教えてくれること，くらいでいいですね。」
・「日輪」は，太陽か。
「そうですね。分からない言葉は，訳と併せて読んだら分かるところもあります。他には？」

　訳文と照らし合わせながら，週日，名目，怠らば，など簡単に言葉を確かめ，大体の意味をつかませる。

---

4 音読する 交流する　リズムを感じながら音読しよう。筆者の考えについて感想を発表しよう。

「昔の文は，リズムが大切です。最後にリズムを意識しながら，読んでみましょう。」

　1人で読んだり，隣の人と聞き合ったりして，繰り返し音読させる。

「今の人には言葉は慣れないものが多いですが，リズムのよさはみんなにも分かりましたか。」

「すらすら読めて，意味も分かってきたら，リズムも感じられるようになりました。」

「リズムよく読めると，ちょっとかっこいいね。」

・最初の2文は短い文になっているのは，文の始まりだからリズムを考えたのかなと思いました。

「最後の1行を読んでどう感じましたか。」
・あとで後悔しないように今がんばれ，って言われた気がします。昔も今も，子どもは同じようなことを言われていたんだなあと思いました。

〔情報〕 情報と情報をつなげて伝えるとき

全授業時間 2 時間

◉ 指導目標 ◉

- 情報と情報との関係付けのしかた，図などによる語句と語句との関係の表し方を理解し使うことができる。
- 目的や意図に応じて，集めた材料を分類したり関係付けたりして，伝えたいことを明確にすることができる。
- 進んで情報と情報との関係付けのしかたについて理解を深め，学習課題に沿って分かりやすく書いて伝えようとすることができる。

◉ 指導にあたって ◉

① 教材について

　これからの学習で何かを調べて報告文を書く機会は何度もあるでしょう。本や文章などの情報を活用するためには，適切に引用や要約などを行ったり，複数の情報を組み合わせたりする力が必要です。

　この教材では，調べた複数の情報を整理し，その関係性を表して，伝えたいことを文章にまとめていくための考え方を学習します。そして，具体的に，例文に関係する情報をどのようにつなげるのかを考えたり，2 つの文章の共通する部分からまとめの文を作成したりします。文章から多様な内容をまとめたり，類推したりして，関係づける力をつけるのに適した教材です。

② 主体的・対話的で深い学びのために

　児童にとって，図に表されていることをすぐに理解することは困難です。そこで，身近な例を取り上げて，図が示していることがどういう意味なのかを捉えるよう指導します。そうすることで，同じ土俵に立って学習に参加する姿勢づくりができるようになります。

　また，情報と情報がどのようにつながっているのか，情報をつなげて書いた文章はどのようなものがよいのかなどについて，グループで交流します。対話の中で，情報と情報をつなげて考えるときのポイントを見つけられるようにします。

◉ 評 価 規 準 ◉

知識 及び 技能	情報と情報との関係付けのしかた，図などによる語句と語句との関係の表し方を理解し使っている。
思考力，判断力，表現力等	「書くこと」において，目的や意図に応じて，集めた材料を分類したり関係付けたりして，伝えたいことを明確にしている。
主体的に学習に取り組む態度	進んで情報と情報との関係付けのしかたについて理解を深め，学習課題に沿って分かりやすく書いて伝えようとしている。

◉ 学 習 指 導 計 画　　全 2 時 間 ◉

次	時	学習活動	指導上の留意点
1	1	・教科書 P68 を読み，身近な例を取り上げて，情報と情報にはどのような関係があるか，またその関係をどう整理して伝えるかを知る。 ・教科書 P69 の設問に沿って，1の文章を読み，①②の情報がどの言葉とつながっているのかを読む。	・身近な例を取り上げて，3つの図がどのようなことを示しているのかをイメージしやすくする。 ・集めた情報がどのような関係にあるのか，また，どのようにつなげると文意が伝わるのかを考えさせる。
	2	・例文1の文章に①②の情報を書き加えて文章を作成する。 ・書いたものを交流する。 ・例文1と2の文章を読み，まとめの文章を2文程度で書く。 ・学習を振り返る。	・グループで各自が書いた文章の内容を検討し，確かめ合わせる。 ・2つの例文から共通することを見つけて，まとめの文に生かすようにさせる。

<table>
</table>

情報と情報を
つなげて伝えるとき
第 ① , ② 時（1,2/2）

本時の目標
情報と情報との関係づけの仕方について理解し，学習課題に沿って分かりやすく書いて伝えることができる。

授業のポイント
情報と情報をつなげて伝える目的は，相手に分かりやすく伝えることである。情報の整理の仕方を確認し，その方法を活用して文章づくりをしていく。

本時の評価
情報と情報との関係づけの仕方について理解を深め，学習課題に沿って分かりやすく書いて伝えようとしている。

〈情報活用力〉情報を類推したり，まとめたりする力を身につけます。グループで書き方やまとめ方

板書例

◇ 情報と情報をつなげてみよう

① ブラジルは，・・・・・・・・・・・・。
　↓　①の情報
この農法では，・・・・に行われている。
　↓　②の情報
・・・・・・・・・・育てている。
　　　　※※

・アグロフォレストリーとは
・・・・・・・・・・になる。
　　　※※

例えば，
②アグロフォレストリーで育てているものにはこしょう（・・・・・・）・果物（・・・・・）・樹木（・・・・・・）がある。
　　※※

②
・・・・・・・・・・
・共生している。
・日本でも，・・・・・・・・・・・・
　　　　※※

このように，――

※赤字部分は，情報と情報とをつなげた場合の一例。
※※教科書 P69 の文章 ① ② と情報①②を掲示する。

---

1 (第1時) 知る つかむ　情報の整理の仕方を確かめよう。

「相手に分かりやすく伝えるために，情報の整理の仕方が3つあります。それぞれの具体例を見つけてみましょう。」

　　教科書 P68「A とその具体例の関係」「A とその説明（定義）の関係」「複数のものと，その共通点（A）という関係」の3つの関係（便宜上，はじめのものから㋐，㋑，㋒とする）について，グループで具体例を考えさせ確認する。

㋐は，A が野菜だとしたら，その下にジャガイモ，人参，大根などが考えられるね。

㋒は，バスケットボールと野球とテニスはどれも「ボールを使った競技」とまとめられるね。

「3つの関係の整理の仕方が分かりましたか。」
　・図で見たらよく分からなかったけれど，具体例を使って考えるとよく分かりました。

　　全体で分かりやすい具体例を出し合わせ，理解を確かめる。

---

2 読む 対話する　① の文章と①②の情報を読み比べよう。

「教科書 69 ページの ① の文章を読んでみましょう。」
　　教師が範読し，全員で確認する。

「文章には，どんなことが書いてありましたか。」
　・ブラジルは農業がさかんな国です。
　・アグロフォレストリーという農法でいろいろな樹木や作物が育てられています。

「①②のそれぞれの情報が，① の文章のどことつながっていますか。話し合ってみましょう。」

① の最初の1文目でアグロフォレストリーのことが出ているね。ここと，①の情報がつながるよ。

① の2文目は，この農法がいろいろな樹木や作物を育てていることを書いているね。②が，その具体例を詳しく説明しているよ。

126

情報と情報をつなげて伝えるとき

め　情報と情報とのつながりを考えて、分かりやすい文章に書き直そう

ア Aとその具体例の関係

例えば──には、──がある。

イ Aとその説明（定義）の関係

──とは、──のことだ。

ウ 複数のものと、その共通点という関係

このように──
ここから考えられるのは、──

※教科書 P68 の図を掲示する。

主体的・対話的で深い学び

・情報と情報がどのようにつながっているか，情報をつなげて書いた文章はどのようなものがよいのかなどについて，各自で考えさせた後にグループ交流させる。対話の中で，情報と情報をつなげて考えるときのポイントを見つけ合わせる。

準備物

・（黒板掲示用）教科書 P68の3つの情報の整理を示した図
・（黒板掲示用）教科書 P69 ①と ②の文章　拡大図
・（黒板掲示用）教科書 P69①②の情報の拡大図

3（第2時）
**書く
交流する**　1の文章に①②の情報を
書き足そう。

「1の文章に①②の情報を加えて，書き足してみましょう。どんな文章になるでしょうか。」

教科書P69 1の文章に①②の情報を各自で書き足しさせる。

それぞれが書いた文章をグループで交流する。

「書き足すことによって，文章はどのように変わりましたか。」
・分からない言葉に情報を整理して加えることで，分かりやすくなりました。

4
**書く
交流する**　まとめの段落の文章を書こう。

「私たちの書いた1の文章と岩崎さんの 2の文章の共通点を見つけて，まとめの段落を書いてみましょう。」

それぞれで書いた後，グループで交流させる。

「学習を通して，考えたことやできるようになったことを振り返ってノートに書きましょう。書けたら発表しましょう。」
・情報と情報をつなぐには，情報の中身を正しく理解し，整理して示すことが重要です。そうすれば読む相手にとって分かりやすくなるのだと思いました。

私たちにできること

◉ 指導目標 ◉

- 筋道の通った文章となるように，文章全体の構成や展開を考えることができる。
- 文章の構成や展開，文章の種類とその特徴について理解することができる。
- 目的や意図に応じて，感じたことや考えたことなどから書くことを選び，集めた材料を分類したり関係付けたりして，伝えたいことを明確にすることができる。
- 目的や意図に応じて簡単に書いたり詳しく書いたりするとともに，事実と感想，意見とを区別して書いたりするなど，自分の考えが伝わるように書き表し方を工夫することができる。
- 筋道の通った文章となるように，粘り強く文章全体の構成を考え，学習の見通しをもって提案する文章を書こうとすることができる。

◉ 指導にあたって ◉

① 教材について

　「資源や環境を大切にするために学校でできること」をテーマに，資料を集めて調べ，提案書を書いて読み合うという教材です。このテーマに合わせて，本書では SDGs（エスディージーズ・持続可能な開発目標）を取り上げて授業を展開しています。SDGs は，2015 年 9 月の国連サミットで採択された 17 のゴール・169 のターゲットで構成される世界全体の目標で，持続可能な世界を実現するために 2030 年までの 15 年間で達成することを掲げています。児童が大人になる頃，全ての項目が解決し，全ての人が豊かに暮らす世の中になってほしい，そのために，身近なところから私たちに実現可能な取り組みを考えます。自分たちが考えたことを周囲に提案することで，より関心をもってもらうことが可能です。一人でも多くの人に提案する，未来を見据えた学びの時間となるでしょう。

② 主体的・対話的で深い学びのために

　自分に関わることとして，世界で起きている現状と問題点を捉えることによって，問題意識をもつことができます。まずは，調べ学習の時間を確保し，それぞれが自分の考えをもつようにします。その後，対話を通して，提案したい内容を精査したり，文章構成を確かめ合ったりして，よりよい提案書を作成していくことを目指します。互いに学び合い，高めていくこと自体が SDGs の「17 パートナーシップで目標を達成しよう」の実現にもなります。

知識 及び 技能	文章の構成や展開，文章の種類とその特徴について理解している。
思考力，判断力，表現力等	・「書くこと」において，目的や意図に応じて，感じたことや考えたことなどから書くことを選び，集めた材料を分類したり関係付けたりして，伝えたいことを明確にしている。 ・「書くこと」において，筋道の通った文章となるように，文章全体の構成や展開を考えている。 ・「書くこと」において，目的や意図に応じて簡単に書いたり詳しく書いたりするとともに，事実と感想，意見とを区別して書いたりするなど，自分の考えが伝わるように書き表し方を工夫している。
主体的に学習に取り組む態度	筋道の通った文章となるように，粘り強く文章全体の構成を考え，学習の見通しをもって提案する文章を書こうとしている。

次	時	学習活動	指導上の留意点
1	1	・学習課題を設定し，学習計画を立てる。 ・SDGs がどのような取り組みなのかを知り，グループごとにどのテーマについて調べるのかを話し合い，決定する。	・「具体的な事実や考えをもとに，提案する文章を書こう」という課題を確かめる。 ・各グループが取り組むテーマは，できるだけ重ならないようにする。
2	2・3	・提案文を書くための資料を集める。 ・グループで，問題点や解決策など具体的な事例を取り上げながら，提案内容について話し合う。	・テーマに応じて，インターネットや学校図書館で調べさせる。 ・教師は，事前にホームページのリンクや資料の準備をしておく。
3	4・5・6	・提案のきっかけや内容の骨子を確認しながら提案文の組み立てを考える。 ・既習の教科書 P68「情報と情報をつなげて伝えるとき」を参考に，情報どうしの関係に気を配る。 ・グループで提案文の下書きをする。	・教科書 P74 の作文例を参考に，内容や書き表し方の工夫を見て，文章構成を考えさせる。 ・具体例を書いたりして，読み手が分かりやすい文章になるよう留意させる。 ・教科書 P72「提案するときに使う言葉」を参考に，内容のまとまりごとに分担させる。
4	7・8・9	・下書きの内容や書き表し方の工夫についてグループで検討し，意見を出し合って推敲する。 ・グループで分担して清書する。	・言葉だけで説明が不十分な場合は，図や写真など，補足する情報を付け加えてもよいこととする。
5	10	・提案文を読み合って，分かりやすい，説得力がある書き方だと感じた部分を伝え合う。 ・学習を振り返る。	・交流の前に，読む視点を明確に伝えておく。 ・「ふりかえろう」で単元の学びを振り返り，どのような力が身についたかを交流する。

〈動画〉YouTube や NHK for school などに SDGs の関連動画があり，分かりやすく説明されて

本時の目標

「具体的な事実や考えをもとに，提案する文章を書こう」という学習課題を設定し，学習計画を立てることができる。

授業のポイント

持続可能な社会の担い手となるために，自分たちにできることは何かを提案する学習とする。

本時の評価

「具体的な事実や考えをもとに，提案する文章を書こう」という学習課題を設定し，学習計画を立てようとしている。

板書例

持続可能な開発目標　SDGs（エスディージーズ）

2015 年 9 月の国連サミットで採択された 17 のゴール・169 のターゲットで構成される世界全体の目標

持続可能な世界を実現するために 2030 年までの 15 年間で達成することを掲げた国際目標

※ SDGs ロゴ（17 のゴール含）を掲示する。

---

1 知る 対話する　SDGs のことについて知ろう。

「Sustainable Development Goals（持続可能な開発目標）SDGs（エスディージーズ）という，2015 年 9 月の国連サミットで採択された 17 のゴール・169 のターゲットで構成される世界全体の目標があります。持続可能な世界を実現するために 2030 年までの 15 年間で達成することを掲げた国際目標のことです。」

SDGs の 17 のゴールの拡大図を黒板に掲示する。

「ゴールとは目標という意味です。17 のゴールのうちどのゴールが気になるか，近くの人と交流してみましょう。」

14 のゴールは，5 年生の社会の水産業の学習で学んだね。

2 のゴールも社会で学習したね。いろいろな問題が世界中であるんだね。どういう内容なのか，もっと知りたいね。

2 調べる　ウェブサイトを利用して，SDGs の 17 のゴールを調べよう。

「グループごとに PC を使用して，SDGs の 17 のゴールのそれぞれがどのようなものかを調べてみましょう。」

ペアで 1 台，または，グループで 1 台使用して「Edu Town SDGs」のウェブサイト（https://sdgs.edutown.jp/info/goals/）を使って，各ゴールを調べさせる。

こんなに問題が山積みなんだね。ぼくたちの教室でも，給食の残量が多いのが気になるよ。

何か自分たちにもできることはないかな。

「分かったこと，考えたことを発表しましょう。」
・様々な問題が世界にあることが分かります。
・自分たちには関係がないと思っていたけど，地球全体の話と考えると，自分たちの課題になると思いました。

います。これらを有効利用して，学びに誘（いざな）います。

私たちにできること

め　身の回りにある問題について考え，具体的な事実や考えをもとに，提案する文章を書こう

〈学習課題〉
私たちに実現可能な目標を提案する文章を書こう

① グループでテーマを一つ決める
② 決めたテーマについて調べる（現状と問題点）
③ 役割分担をして，提案文を書く
④ それぞれの提案文を読み合い，交流する

主体的・対話的で深い学び

・SDGsとは，2015年9月の国連サミットで採択された17のゴール・169のターゲットで構成される世界全体の目標である。SDGsの17のゴールはすべて児童にとって，関心のある内容だろう。これまでに学習したこと，新聞やテレビで聞いたことなどとつなげて学べる課題となる。ここでは，この17のゴールの中から自分たちの調べたいテーマを話し合って決め，みんなに主張する学習課題に主体的に取り組ませたい。

準備物

・（黒板掲示用）SDGs ロゴの拡大版
　※国際連合広報センターのウェブサイトよりダウンロードできる
・タブレットパソコン（教室にパソコンを持ち込むことができない場合は，PC教室で授業を行う）
　※展開2で紹介している「Edu Town SDGs」ウェブサイトは，東京書籍（株）と積水化学工業（株）が連携してつくった教育サイトです。（2020年2月現在）

3 めあて つかむ　学習課題を設定し，学習計画を立てよう。

「SDGs の 17 のゴールを知り，私たちにどんなことができるのかを考えましょう。」

自分たちのグループで調べて分かったことと考えたことを発表するといいと思います。

みんなにできることを考えてもらう文章を書くといいと思います。

「『私たちに実現可能な目標を提案する文章を書こう』という課題をみんなで学習していきましょう。」

　①グループでテーマを 1 つ決める。
　②決めたテーマについて調べる。（現状と問題点）
　③役割分担をして，提案文を書く。
　④それぞれの提案文を読み合い，交流する。
　上記①〜④の流れの学習計画を確認する。

4 決める　グループで提案するテーマを決めよう

「それぞれのグループでどのテーマについて提案するかを話し合って決めましょう。」

2のゴールが身近な課題じゃないかな。給食の残量とか，食品ロスのことが提案しやすいよ。

17のパートナーシップってクラスや学校全体にも関係しそうだね。

7のエネルギーのことも提案しやすそうだよ。どれがいいかな。

「学習を通して考えたことやこれからの目標について，ノートに書きましょう。書き終わったら発表しましょう。」
　・これからグループの人と協力して，提案していきたいです。

私たちに
できること
第 2,3 時 (2,3/10)

本時の目標
提案文を書くための資料を集めることができる。

授業のポイント
PC や SDGs カードを活用して，グループのテーマを調べる。テーマについてそれぞれが現状と問題点を見つけ，それに対する自分の考えを用意させたい。

本時の評価
提案文を書くための資料を集めようとしている。

〈調べ学習〉図書資料や PC を有効活用します。また，SDGs に関連する新聞記事やニュースを

板書例

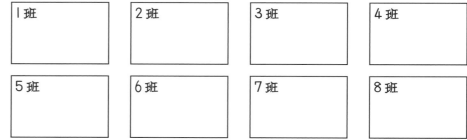

※ホワイトボードか画用紙に各班のテーマを書いて掲示する。

※ SDGs ロゴ（17 のゴール含）を掲示する。

---

1 確かめる （第 2 時） テーマについて，何を調べるのかを確認しよう。

「SDGs の 17 のゴールの中から，それぞれのグループで調べる内容が決まりました。そのテーマについて，これからどのようなことを調べていけばよいのかを確認しましょう。」

> 昨日，ホームページを見たけど，問題点が多くあったよ。まず，問題点を調べる方がいいのではないかな。

> 今，どんな状況なのかも知らないといけないよね。

「どのような視点で調べるとよいでしょうか。」
・今の状況がどのようなものかを調べる必要があります。
・今，何が問題になっているかも調べた方がいいです。
・自分の考えもあった方がいいんじゃないかな。

　それぞれのグループが何について調べるのかが分かるように，ホワイトボードか画用紙にテーマを記入したものを黒板に提示しておく。

2 調べる グループで決めたテーマについて調べよう。

「グループごとにパソコンや資料を活用して，SDGs の 17 のゴールから 1 つ選んだテーマについて，詳しく調べてみましょう。」

　1 人 1 台，または，ペア・グループで 1 台使用して，「Edu Town SDGs」（https://sdgs.edutown.jp/info/goals/）を使って，各ゴールを調べさせる。また，「冊子で読む 17 の目標」を印刷して，各グループに配布しておくとよい。

> 13「気候変動に具体的な対策を」のテーマについて調べることにしたけど，何を中心に調べていこうか。

> 私たちと歳の近いグレタ・トゥーンベリさんが気候変動のことについて訴える活動をしているのをニュースで見たよ。

　上記ウェブサイトの他にも，SDGs に関する資料や本をあらかじめ準備しておくとよい。近隣の図書館に連絡すると，関連書籍や資料を準備してもらえることもある。

教師が収集しておくと，調べ学習の質がさらに増します。

私たちにできること

め
提案する文章を書くために、
テーマについて調べよう

私たちに実現可能な目標を提案する
文章を書こう

〈調べること〉
・現状について
・問題点
・調べて分かったこと

⇧
各自で調べ、
自分の考えを
まとめる

🔍 主体的・対話的で深い学び

・自分たちの調べたいテーマを話し合って決め，みんなに主張する学習課題に主体的に取り組ませていく。

・展開2の調べる時間を確保したい。また，実態に応じて，家庭学習で各自調べてくるように呼びかける。

・テーマについて，PCや資料を活用して現状や問題点，それに対する自分の考えをまとめさせた上で，グループ討議をさせる。

準備物

・（黒板掲示用）SDGsの拡大版（第1時で使用したもの）

・ホワイトボード，または画用紙（各班の数）

・SDGs関連書籍，資料

・タブレットパソコン（教室にパソコンを持ち込むことができない場合は，PC教室で授業を行う）

　※展開2で紹介している「Edu Town SDGs」ウェブサイトは，東京書籍（株）と積水化学工業（株）が連携してつくった教育サイトです。（2020年2月現在）

---

3 （第3時） 調べる　現状と問題点を明確にして調べ，自分の考えをまとめよう。

「SDGsの17のゴールの現状と問題点について，この時間もさらに調べて記録を残しましょう。」

ぼくは，この時間は問題点についてさらに調べるよ。

昨日はだいたい全体的に調べたから，自分の考えをまとめてみようかな。

「各自が調べたことを，次の時間にグループで出し合って提案したい内容を整理していきます。しっかり現状と問題点に対する自分の考えをまとめておきましょう。」

　学習計画の「②決めたテーマについて調べる（現状と問題点）」となる。

「現状と問題点に対する自分の考えや，私たちに実現可能なことも準備しておきましょう。」

---

4 確かめる 振り返る　グループで調べられていないところを確かめ，さらに調べよう。

「それぞれのグループでまだ調べられていないところがないかを確認し合って，調べるようにしましょう。」

私はまだ自分の考えがまとまっていないから，まとめるようにするね。

何とか次の時間にみんなで話し合うことができそうかな。

ぼくは，問題点をまだまとめられていないよ。何かいい資料はあったかな？

「学習を通して考えたことや分かったことについて，振り返りをノートに書きましょう。書き終わったら発表しましょう。」

・興味をもって調べることができました。読む人が納得できるような提案ができるようにしたいです。

私たちにできること
第 4,5,6 時 (4,5,6/10)

本時の目標

グループで，問題点や解決策など具体的な事例を取り上げながら，提案内容について話し合い，提案文の構成を考えることができる。

授業のポイント

前時までに調べてきたことをもとに，提案する文章構成を検討させる。検討後，確定した文章構成を，グループで役割分担して書き進めさせる。

本時の評価

「書くこと」において，筋道の通った文章となるように，文章全体の構成や展開を考えている。

板書例

〈学びに活かす〉学びをその単元で留まらせず，既習内容を他の単元でも活かして，児童の学びを

〈読み手に分かりやすい文章にするために〉

☆ 情報と情報をつなげて伝える

ア Aとその具体例の関係
　例えば ── には，── がある。

イ Aとその説明（定義）の関係
　── とは，── のことだ。

ウ 複数のものと，その共通点という関係
　このように ── ここから考えられるのは，──

※教科書 P68 の図を掲示する。

☆ Aとその説明（定義）の関係

☆ 具体的に書く

☆ 示し方を工夫する（段落分け，見出し，箇条書き）

提案するときに使う言葉

☆ きっかけを説明
・きっかけは ──
・以上のことから ──

☆ 具体的に説明
・例えば，──
・具体的には，──
・── というのは，──
・実際には，──

---

1 交流する （第 4 時）
それぞれが調べてきたことを交流しよう。

「これまでに調べてきたことをグループの友達と交流しましょう。」

・世界で極度に貧困で困っている人たちは約 7 億 6700 万人だそうです。約 10 人に 1 人が貧困だなんて思いもしませんでした。（1 貧困をなくそう）

・ニュースでもマイクロプラスチックが原因で，海に住む生き物が命を奪われることが問題になっています。（14 海の豊かさを守ろう）

「グループで提案する内容を検討しましょう。」

【「2 飢餓をゼロに」を調べたグループの例】

今，日本の食料廃棄物の量が年間 2,842 万トンで，そのうち，まだ食べられるのに捨てられる食品ロスが年間 646 万トンなんだって。*

あまりに多すぎるよね。みんなに伝えたいね。

栄養担当の先生が残量の多さに頭を抱えていたよ。その事も伝えようね。

* 農林水産省・環境省平成 27 年度推計より

2 対話する
グループで提案する文章の構成を考えよう。

「提案する内容が決まりましたか。決まった内容を教科書 72 ページ③のように，①提案のきっかけ（現状や問題点）②提案（具体的な内容，提案が実現したときの効果）③まとめ，の文章構成にしましょう。」

きっかけ部分は，給食の残量が多いことが気になったことにしようよ。

提案することは，①食品廃棄物の現状と問題点，②私たちに実現可能なことでいい？

実現したらこんなにいいことがあるというのを書いておくといいね。やってみたいと思わせたいね。

構成メモを作成する場合は，付箋を使って紙面で操作しながら考えさせるとよい。

「構成が決まったら，だれがどの役割を分担するのかも決めましょう。」

文章を一人で書くことが難しい児童のことを考慮して書く分担を決めるよう，事前に伝えておく。

主体的・対話的で深い学び

・グループで提案するテーマについて，何を一番伝えたいのかを対話の中で明確にさせる。互いに話し合い，折り合いをつけながら，グループの提案内容について考えていかせたい。よりよい提案文を作ることを目指し，文章構成から下書きの検討まで，交流しながら取り組ませる。

準備物

・FAX 紙（薄くてマス目があるもの）
・教科書 P68「情報と情報をつなげて伝えるとき」の図解 3つの拡大版
・（黒板掲示用）SDGs ロゴの拡大版（第1時で使用したもの）

私たちにできること

め 提案する文章の構成を考えよう

私たちに実現可能な目標を提案する文章を書こう

〈文章構成〉
① 提案のきっかけ
・現状や問題点を整理し，提案理由を明確に
② 提案
・具体的な内容
・提案が実現したときの効果
③ まとめ

※ SDGs ロゴ（17 のゴール含）を掲示する。

---

3 （第5時）
読む 書く 教科書の例文を読み，構成に沿って下書きをしよう。

「教科書 74 ページを読みましょう。」
・学校での節電の提案文だね。
教科書 P75「たいせつ」もあわせて確認する。

「この例文の書き方を参考に，文章の構成に沿って，担当になった文章の下書きをしましょう。」

現状をまとめることにするよ。読む人に問題意識をもってもらえるように書きたいな。

具体的にいくつか例を示して，提案することを書こう。

教科書 P68「情報と情報をつなげて伝えるとき」を参考に，情報どうしの関係に注意させる。実態に応じて，全体で確認するとよい。
また，教科書 P72「提案するときに使う言葉」を確かめ，文章をつなぐ言葉の使い方の参考にさせる。

---

4 （第6時）
対話する 書き直す 下書きした文章を検討し，改善しよう。

「下書きした文章をグループで回し読み，修正したり，改善したりした方がよいところをアドバイスしましょう。」

山田さんのきっかけの文章は，みんなで話し合ったことを基にしていて納得のいく文章になっているよ。

佐藤さんの提案理由の部分がもう少し詳しく書けるといいと思うよ。

まとめの部分で，もう一度大切だと思う考えを繰り返して言うことも提案のコツだね。

「話し合いを通して，考えたことや分かったことをもとに，文章を修正しましょう。」

修正し終わった文章を再度読み直し，推敲させる。誤字脱字がないかなど，細部までチェックするよう指導する。

私たちにできること

第 7,8,9 時 (7,8,9/10)

本時の目標
筋道の通った文章となるように，粘り強く文章全体の構成を考え，学習の見通しをもって提案する文章を書こうとすることができる。

授業のポイント
教科書 P72 の「提案するときに使う言葉」や P74 の書き方を参考にして，清書していく。

本時の評価
筋道の通った文章となるように，文章全体の構成や展開を考えている。

板書例

〈推敲〉自ら文章を推敲する，仲間どうしでチェックし合うことで，誤字脱字，表現の誤りなどを

② 提案
・具体的な内容
・提案が実現したときの効果

③ まとめ

◇ 下書きの最終チェックをしよう
・文章の構成
・読み手に分かりやすく
（文のつなげ方，示し方　など）

◇ 清書をしよう
・段落は一マス下げて
・文章を短く区切る
・読み手を意識して
　↓
きれいに、ていねいに

SUSTAINABLE DEVELOPMENT GOALS

※ SDGs ロゴ（17 のゴール含）を掲示する。

※前時の内容を確認用に掲示する。

---

1 交流する　下書きの最終チェックをしよう。

（第 7 時）

「前の時間に仕上げた下書きを最終チェックしましょう。誤字脱字がないか，分かりにくい表現がないかを確認しましょう。」

　これまでに検討してきた内容や書き方のチェックも行わせる。

大事なところを箇条書きにできているね。でも，もう少し短くまとめた方がいいと思うよ。

誤字脱字もきっかけ部分ではなかったよ。清書も丁寧にお願いするね。

提案するときに使った言葉も使えているね。よく分かる文章になっているよ。

　書く時間をなるべく多く確保するため，なるべく時間がかかりすぎないようにする。前の時間でチェックがしっかりできていたら，この時間を省略できる。

2 書く　清書を仕上げよう。①

「それでは，それぞれのグループの提案する文章を清書しましょう。」

下書きでみんなにほめてもらった文章だから，丁寧に書いてみんなに読んでもらいたいな。

SDGs の目標を学校中の人に呼び掛けたい。みんなが読みやすく分かりやすい提案文にしたいな。

「読んでもらう人に分かりやすいように，きれいに清書しましょう。どんなことに気をつけるとよいでしょうか。」
・段落を変える時は，1 マス下げて書く。
・読点「、」を少なく，句点「。」を多く使って，文章を短く区切る。
・読み手を意識した字で書く。

　原稿用紙の使い方と同様の書き方ポイントを押さえておくとよい。

修正します。その上で，丁寧に清書するようにします。

私たちにできること

め 提案する文章を仕上げよう

私たちに実現可能な目標を提案する文章を書こう

〈文章構成〉
① 提案のきっかけ
・現状や問題点を整理し、提案理由を明確に

主体的・対話的で深い学び

・本時では，書くことがメインとなってくる。書いているときも児童は内容を考え続けている。書き方について同じグループの友達とその場で相談しながら教え合うことが望ましい。そのような姿を認め，高め合う雰囲気を大切にしたい。

準備物

・FAX紙（薄くてマス目があるもの）
・（黒板掲示用）SDGsロゴの拡大版（第1時で使用したもの）

3 （第8時）書く　清書を仕上げよう。②

「それぞれの担当になった文章の清書を仕上げます。早くできた人は，文章を読み直して修正部分がないかを確認しましょう。」

速く書けた児童には，より文章が分かりやすくなるように，絵や資料，図などを用意するように指示を出す。

もうすぐ清書が仕上がる！これで，みんなにSDGsの17のゴールの1つを呼び掛けることができるぞ。

私は，分かりやすいように絵を描き加えることにする。

教科書の例文は文章のみの提案書になっているが，時間やクラスの実態によって，図や絵などを加えた提案とさせてもよい。読み手の児童に，より分かりやすく説得力のある提案書となるだろう。

4 （第9時）対話する　書き直す　清書した文章を1つにまとめよう。

「仕上げた清書の文章をグループで読み合い，最終確認をしましょう。」

出来上がった文章を読み合い，清書の誤字脱字がないか，書き間違いがないかを確認する。間違いがあれば，修正させる。

佐藤さん，頑張ったね。読みやすい丁寧な字でまとめることができているよ。

具体例がとても分かりやすくまとめることができたね。

間違いや誤字脱字もないみたいだから，これで完成だね。お疲れ様でした。

いい提案書がつくれたね。

「確認ができたところは，提案する文章を順番に並べて1つにまとめましょう。」

出来上がった文章は，冊子にする，貼り合わせてポスター状にする，画用紙に貼るなど，どのようにまとめるのかを事前に考えておくとよい。

私たちに できること

第 ⑩ 時 （10/10）

本時の目標
筋道の通った文章となるように，粘り強く文章全体の構成を考え，学習の見通しをもって提案する文章を書こうとすることができる。

授業のポイント
これまで粘り強く取り組んできた提案する文章を他のグループと交流し，互いに工夫しているところを見つけ，伝え合う。

本時の評価
筋道の通った文章となるように，粘り強く文章全体の構成を考え，学習の見通しをもって提案する文章を書こうとしている。

板書例

◇ SDGsの17のゴールの実現に向けて

- 学校全体で
- 学年で
- クラスで
- 個人で

〈読んだ感想（よかったところ）〉
- 理由をあげて
- 読み手がやってみようと思うように
- 例を示す
- 具体的に

※児童の発言を板書する。

- 書き方の工夫
- 分かりやすい，説得力がある
- 内容

など

※ SDGsロゴ（17のゴール含）を掲示する。

---

1 読む 交流する　他のグループの提案書を読み合おう。

「これまで協力して書いてきた提案する文章をお互いに読み合いましょう。後で，感想を伝え合います。『分かりやすいな』とか，『説得力があるな』と思ったところをたくさん見つけましょう。」

時間を決めて，各自が壁に貼り出してある提案する文章を観覧させる。

大事なところを箇条書きにしているね。言葉も分かりやすくて，読んだ人がやってみようと思うよ。

食品廃棄物をなくすために，自分にできることが詳しく書かれているね。

限りあるエネルギーだから，こまめに電気を切るとか，ウォームビズがいいって，読むと分かるね。

できるだけ読んで回る時間を多くとりたい。事前に読む視点（工夫，分かりやすさ，内容など）を示しておくと，「字のきれいさ」など低次の感想は出にくくなる。

---

2 伝え合う　それぞれの提案書を読み合った感想を伝え合おう。

「それでは，それぞれのグループの提案する文章を読んで，どのような感想を持ちましたか。グループで交流しましょう。あとで，どのような感想が出たのか，全体で報告してもらいます。」

7班は，節水をするポイントについて，具体例を多く示して説明していたよ。

5班は，5年生の社会の内容を取り上げて説明していて，分かりやすかったね。

1班は，平和と公正をクラスで実現するために何ができるかを書いていて，面白かった。

ホワイトボードを配布しておき，どのような感想を交流したのかを記録しながら交流させる。その後，全体で交流する。

「どのような話し合いをしたのか，報告しましょう。」
- 7班のように，具体的な例を示すと分かりやすいです。
- 1班の真剣に考えたいと思う提案がいいと思いました。

ら取り組みます。学びをダイナミックなものにしましょう。

私たちにできること

め　それぞれの提案する文章を読み合い、感想を伝え合おう

〈活動の流れ〉
① それぞれのグループの提案する文章を読む
② 読んだ感想を全体で伝え合う
③ 活動をふり返る

〈読むときに気をつけること〉

🔍 主体的・対話的で深い学び

・これまでグループで協力して作成した提案する文章を読み合う時間となる。他のグループの文章を読み交流することで，工夫やアイデアを学ぶことができる。感想を伝え合うことを通して，新たな気づきも期待できる。

準備物

・（黒板掲示用）SDGs ロゴの拡大版（第1時で使用したもの）
・ホワイトボード

---

3 振り返る 書く　「ふりかえろう」に沿って，活動を振り返って書こう。

「それぞれのグループの提案書から，さまざまな学びがありましたね。それでは，学習のまとめの段階に入りましょう。」

　　教科書 P75「たいせつ」「いかそう」を読み，これまでの学習を通して身についた力，今後活用することができる場面を確認する。

「『ふりかえろう』には，『知る』『書く』『つなぐ』の3つの項目があります。それぞれに対して，自分の感想を書いてみましょう。」

> 読み手を意識すると，提案するときに，具体的な例を考えて書くようにできました。今までよりも，うまく書けました。

> 4班の提案する文章の書き方が，実際にやってみようという気持ちになりました。あの書き方を今度まねしたい。

---

4 交流する　これまでの学習の振り返りを交流しよう。

「『たいせつ』『いかそう』を読んだり，『ふりかえろう』で自分を見つめ直したりしたことをグループで交流しましょう。」

> ぼくは，「知る」という項目で，提案するときの言葉を意識して使えるようになりました。

> 他のグループの提案書を見て，なぜその取り組みをするとよいのかを詳しく書く方がいいと思いました。

> 私は，具体的に伝えるようにしました。言葉の説明や具体例を書くようにしました。

「SDGs の 17 のゴールについて，各グループが調べ，提案書を書きました。提案しただけで終わらず，個人，クラス，学年，学校全体で取り組んでいけるようにしましょう。」

　　提案書は，多くの人の目に届く場所に掲示するとよい。

季節の言葉

夏のさかり

◉ 指導目標 ◉

- 語句と語句との関係について理解し，語彙を豊かにするとともに，語感や言葉の使い方に対する感覚を意識して，語や語句を使うことができる。
- 目的や意図に応じて，感じたことや考えたことなどから書くことを選び，伝えたいことを明確にすることができる。
- 積極的に季節を表す語彙を豊かにし，意図に応じて言葉を吟味しながら手紙を書こうとすることができる。

◉ 指導にあたって ◉

① 教材について

　6年生の「季節の言葉」では，日本の四季を豊かに表現する「二十四節気」の言葉について学習します。本教材「夏のさかり」では，そのうち，暦の上で夏を表す6つの言葉と，夏を詠んだ俳句や短歌を紹介しています。「春」の学習と同様に児童が知っている「夏至」といった言葉の他にも，様々な言葉と出合うことができます。また，この教材を使って，夏のお便りを書きます。その際，時候の挨拶にも触れます。そこから，昔の人々の季節を大切にしてきた思いを感じるとともに，わたしたちの感じる夏を表現しようとするきっかけとなる教材です。

② 主体的・対話的で深い学びのために

　第1時では，俳句を考える活動をします。「春」の学習と同様に，イメージマップから見つけた言葉をもとに，俳句や短歌を作ります。その際，近くの人と助言し合いながら作成していきます。1人で考えるよりも，友達と対話をすることで新たな気づき，発見が生まれることが期待できます。

　第2時では，夏のお便りを書きます。書く相手を決めて，時候のあいさつ文，自分が作った俳句を添えながら，お便りを書きます。その後，鑑賞と相互評価を同時に行うことで，より主体的・対話的な学びにつなげます。それぞれのお便りを交流することで，自分では気づくことができなかった作品のよさや工夫も見つけることができるでしょう。

知識 及び 技能	語句と語句との関係について理解し，語彙を豊かにするとともに，語感や言葉の使い方に対する感覚を意識して，語や語句を使っている。
思考力，判断力，表現力等	「書くこと」において，目的や意図に応じて，感じたことや考えたことなどから書くことを選び，伝えたいことを明確にしている。
主体的に学習に取り組む態度	積極的に季節を表す語彙を豊かにし，意図に応じて言葉を吟味しながら手紙を書こうとしている。

◉ 学 習 指 導 計 画　　全 2 時 間 ◉

次	時	学習活動	指導上の留意点
1	1	・「夏のさかり」という言葉からイメージするもの，身近で感じた「夏」を出し合う。 ・教科書で示されている二十四節気の言葉や解説，短歌や俳句を音読する。 ・自分が感じる「夏」を俳句や短歌の形式に表して書く。	・「夏」という言葉から連想する言葉をイメージマップでまとめる。 ・俳句と短歌の形式や決まりを確認したうえで，自分の地域や身近なところの「夏」を表現するものを書くようにさせる。 ・友達とアドバイスしたり，教え合ったりして書くことも認める。
	2	・自分の地域で感じた「夏」を知らせる手紙を書く。 ・書いた手紙を友達と読み合い，交流する。 ・学習を振り返る。	・夏のお便りを書く相手を決める。実際に手紙を送る相手としてふさわしい相手を選ぶようにさせる。 ・時候のあいさつ文は作成するのは難しいと考えるため，あらかじめ教師がいくつか準備した文例を示す。 ・言葉の選び方や書き表し方など，表現に着目して感想や助言を伝え合い，よさを共有させる。

夏のさかり

本時の目標

「夏」という言葉からイメージを膨らませ，夏に関する俳句や短歌の形式に表すことができる。

授業のポイント

イメージマップを使って，「夏」という言葉からイメージを広げる。また，夏の様子の写真を提示して，イメージをより広げさせる。

本時の評価

積極的に季節を表す語彙を豊かにし，表現の意図に応じて言葉を吟味しながら，俳句や短歌を作ろうとしている。

板書例

〈画像資料〉児童は，画像資料を提示することによって，想像を広げやすくなります。学びの

〈二十四節気　夏〉

立夏	五月六日ごろ
小満	五月二十一日ごろ
芒種	六月六日ごろ
夏至	六月二十一日ごろ
小暑	七月七日ごろ
大暑	七月二十三日ごろ

◇「夏」を俳句や短歌に表そう

☆ 俳句は季語を使う（※二重季語はさける）

俳句（五・七・五 … 十七音）

短歌（五・七・五・七・七 … 三十一音）

※夏の校庭や校区の様子を撮った写真を掲示する。

---

1 想像する 出し合う

「夏」という言葉から，イメージを広げよう。

「夏」という言葉から，どんなことをイメージしますか。

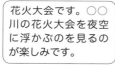

夏と言えば，プールかな。とても気持ちがよくて好きです。

花火大会です。○○川の花火大会を夜空に浮かぶのを見るのが楽しみです。

　春の時と同様に，個人で夏といえばどのようなものをイメージするのかを考えさせ，ノートにイメージマップを書かせる。

　夏の校庭や校区の様子を撮った写真を掲示し，イメージをより広げさせる。

「どのような言葉が見つかりましたか。」
・かき氷です。○○屋のかき氷が大好きで，すぐに思い出しました。
・あさがおです。弟が毎朝水やりを頑張っていて，花が咲いたときにすごく喜んでいました。
・海です。青空の下で泳ぐのが気持ちいいからです。

　全体で言葉を出し合い，板書でイメージマップに表す。

2 知る・読む 交流する

二十四節気を知り，夏に関する俳句や短歌を声に出して読もう。

「『春の季節の言葉』でも学習しましたが，日本には古くから『二十四節気』という，暦の上で季節を 24 に区切って表す考え方があります。そのうち，夏を表す 6 つの言葉を調べてみましょう。」

　教科書 P76，77 を読んで確かめる。

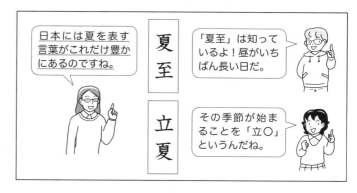

日本には夏を表す言葉がこれだけ豊かにあるのですね。

「夏至」は知っているよ！昼がいちばん長い日だ。

その季節が始まることを「立○」というんだね。

夏至

立夏

「夏を表現した俳句や短歌を音読しましょう。」

　教科書の 3 つの俳句や短歌を音読し，どのような景色を想像したか，感想を伝え合わせる。

季節の言葉　夏のさかり

め　夏を表す俳句や短歌を作ろう

※クラス全体の意見をまとめながら、「夏」から連想するイメージマップを作る。

主体的・対話的で深い学び

・春の俳句・短歌づくりで慣れた児童もいるだろう。友達とアドバイスし合ったり、教え合ったりすることで、よりよい作品を考えることができる。そのような対話的な活動を取り入れ、児童がさらに主体的に俳句・短歌づくりができるようにしたい。

準備物

・夏の校庭や校区の様子を撮った写真
・資料（二十四節気、季語）（『季節の言葉　春のいぶき』で使用したもの　DVD 収録【6_06_01，6_06_02】）
・俳句・短歌を書くワークシート（ノートでもよい）

3 作る・書く　俳句や短歌に表そう。

　　俳句や短歌の形式（字数、季語など）を確認し、「夏」を表現する俳句や短歌を作ることを伝える。

「どんな『夏』を表す俳句や短歌を作ってみたいですか。作った俳句や短歌を夏の便りに添えてみましょう。」
　・夏祭りのことを俳句で表してみたいな。
　・毎年恒例の花火大会の魅力を俳句で表現してみたい。
　・学校の花壇に咲くひまわりをみんなに紹介したい。

下の句の「雲が行く」のところが素敵だね。太陽がいっぱい照っている夏の感じが出ているね。

ありがとう。ほめてもらえてなんだか嬉しいな。

ひまわりの光を浴びて雲が行く

　　俳句と短歌のどちらかを選択させ、作成に取りかからせる。隣の友達などとアドバイスし合って作ってもよいことにする。

4 交流する・振り返る　グループで読み合おう。学習を振り返ろう。

「では、作った俳句や短歌をグループで交流しましょう。」

わたしは、「緑」をイメージしました。山の緑を表現したかったです。

すごく様子がよく分かるね。「深緑」って言葉がかっこいいな。

海の様子を表すのは、どうすればうまく伝わるようになるだろう？

朝に日の光が映る海がきれいだったよ。浜で見られるよね。

　　交流してアドバイスし合う時間を確保したい。作成途中の段階でもよしとし、交流を通して作品を仕上げさせてもよい。

「学習を通して考えたことやできるようになったことを振り返りましょう。ノートに書けたら発表しましょう。」
　・○○さんにほめてもらったおかげで、自信につながりました。もっといい作品を作ってみたいです。

「次の時間は、夏の便りを書きましょう。」

夏のさかり

第 2 時 （2/2）

本時の目標
積極的に季節を表す語彙を豊かにし，意図に応じて言葉を吟味しながら手紙を書こうとすることができる。

授業のポイント
前時で作った俳句や短歌を添えて，友達や地域の方への夏の便りを書かせる。便りにも，季節の言葉を考えて入れさせる。

本時の評価
積極的に季節を表す語彙を豊かにし，意図に応じて言葉を吟味しながら手紙を書こうとしている。

〈時候のあいさつ〉季節に合った時候の挨拶を入れると，文章が丁寧で季節感あふれるものに

板書例

◇ お便りに書いてみよう

① 時候のあいさつ文を考える
　・学校はもうすぐ夏休みです。
　・学校のひまわりの背が高くのびて花が咲き始めました。

※児童の発表を板書する。

② 相手にメッセージを書く
　☆相手の様子をたずねる文も書く

③ 前の時間に書いた俳句・短歌を書く
　☆できれば，イラストもそえる

④ グループで交流する

・暑い夏がやってきましたが、お変わりなくお過ごしでしょうか。
・七夕の飾りが風にゆれてうれしそうです。
・学校の畑では、ミニトマトが赤くなってきました。
・せみの声が聞こえてくるようになりました。

※夏のこの時期のあいさつ文をいくつか掲示する。

---

1 決める 交流する　誰に手紙を書くのか，書く相手を決めよう。

「夏の便りを書きましょう。誰に書くか考えましょう。」
　・誰に書こうかな。
　・わたしは毎年夏に会いに行くおばあちゃんにする。喜んでくれるかな。
　・わたしは，引っ越したさきさんにするね。久しぶりに会いたいからです。

　　夏の便りを書く相手を明確にさせ，気持ちを込めて手紙を書く課題に取り組ませたい。

「誰に書くのか，なぜその人に書くのかを隣の人と交流しましょう。」

ぼくは，九州に住むおばあちゃんにしました。おばあちゃんは，なかなか会えないので，ぼくからのお便りがとてもうれしいと思うからです。

わたしは，東京のお姉ちゃんにしました。大学で頑張っているお姉ちゃんに，わたしも頑張っていることを伝えたいからです。

2 書く　時候の挨拶文を考えて書こう。

「お便りを書くときに，『時候の挨拶』というものがあります。季節をあらわす言葉を用いた短い挨拶文のことです。どんな季節の挨拶ができるか，考えてみましょう。ヒントとして，いくつか夏の『時候の挨拶』を用意しました。そこから，一つ選んでもいいですよ。」

　　事前に教師が用意した『時候のあいさつ文例』を参考に掲示し，グループごとに考えさせる。

「七夕の飾りが風に揺れて嬉しそうです。」がなんだか好きだな。

「学校は，もうすぐ夏休みです。」というのはどうかな。

学校の様子だったら，いろいろ考えられそう。

「学校のひまわりが咲き始めました。」っていう挨拶文も考えられるよ。

「時候の挨拶を考えたらお便りに書いてみましょう。」

なります。読み手への心遣いを大切にしたいものです。

季節の言葉　夏のさかり

め　夏の便りを書こう

時候のあいさつ
季節をあらわす言葉を用いた
短いあいさつ文のこと

〈時候のあいさつ文例〉
・梅雨もあけて、明るい空が広がっています。
・暑さもいよいよ本番です。

🔍 主体的・対話的で深い学び

・お便りを書く相手を設定することで，児童は意欲をもって活動に取り組めるようになる。
・友達の書いた手紙を読み合い，互いの工夫しているところやよいところを伝え合わせ，認め合うようにする。

準備物

・（黒板掲示用）夏の時候のあいさつ文例
（教師があらかじめ，定型のものだけでなく，身近な夏の様子から考えられる例文をいくつか準備しておくとよい）

3 書く　夏を表す俳句や短歌を添えて，短いメッセージを書こう。

「『時候の挨拶』を書いたら，次は，書く相手のことを思って，相手の様子をたずねる言葉とメッセージを書きましょう。」
・最近，どんなことをしているかを尋ねてみよう。
・修学旅行に行ってきたことを書いてみようかな。

　児童が相手に伝えたい内容を書くよう指示する。書く時間は確保しておく。

「メッセージを書いたら，前の時間に作った俳句や短歌をお便りに書きましょう。できる人は，イラストを添えるともっといいですね。」

おばあちゃん、喜んでくれるといいな。

山口さんへのお手紙、いい感じになってきたね。わたしも喜んでもらえるように書こう！

4 交流する　振り返る　それぞれが書いた手紙を読み合おう。学習を振り返ろう。

「では，書いたお便りをグループで交流しましょう。」

俳句とメッセージがつながる，いいお便りになったね。

イラストを描いた方が，読む人はもっと喜ぶと思うよ。

自分が今，何を頑張っているのかを書くといいんじゃないかな。

おばあちゃん、このお便りを読んだら、とても喜んでくれるよ。

　それぞれが書いたお便りを交流し，感想を述べたり，アドバイスしたりし合う。途中の段階でもよしとし，交流を通して作品を仕上げてもよい。

「学習を通して，考えたことやできるようになったことを振り返りましょう。ノートに書いたら発表しましょう。」
・おばあちゃんのことを思いながら，書くことができました。喜んでくれると嬉しいです。

私と本／森へ

◉ 指導目標 ◉

- 日常的に読書に親しみ，読書が，自分の考えを広げることに役立つことに気づくことができる。
- 文章を読んで理解したことに基づいて，自分の考えをまとめることができる。
- 文章を読んでまとめた意見や感想を共有し，自分の考えを広げることができる。
- 進んで読書の役割についての理解を深め，これまでの読書生活を振り返ってテーマに着目した本の交流をしようとすることができる。

◉ 指導にあたって ◉

① 教材について

自分と本との関わりについて振り返ることにより，読書を身近なものに感じられるように学習を進めていきましょう。また，友達の読書の仕方や本との関わりについて聞くことで，読書生活の幅も広がることでしょう。

「森へ」は，筆者自身が森の中へ身をおいて，感じたことや思ったことを，写真と文章で構成した作品です。大自然に生きる生き物の様子や筆者の自然に対する思いも読み取ってほしい作品です。

いちばん心に残っている本について考え，その本がもつテーマや「森へ」を読んだ感想を交流することによって，自分の考えと友達の考え（感じ方）との違いに気づくことも大切です。また，「ブックトークの例」を参考に，テーマに沿って友達に本を紹介する文章のまとめ方も学習します。

② 主体的・対話的で深い学びのために

読書に親しむ生活ができることは，児童の生活を豊かにすることにつながります。また，普通，読書をする児童でも好きな分野が決まっているものです。自分が読んだことがない本には，興味を示さないことは自然であり，間違った態度というわけではありません。

しかし，友達の読書について聞いたり，ブックトークで交流したりすることで，読書についての対話的な学びができることでしょう。それによって，新たな分野や知らなかった本に興味が広がることが期待できます。

◉ 評価規準 ◉

知識 及び 技能	日常的に読書に親しみ，読書が，自分の考えを広げることに役立つことに気づいている。
思考力，判断力，表現力等	・「読むこと」において，文章を読んで理解したことに基づいて，自分の考えをまとめている。 ・「読むこと」において，文章を読んでまとめた意見や感想を共有し，自分の考えを広げている。
主体的に学習に取り組む態度	進んで読書の役割についての理解を深め，これまでの読書生活を振り返ってテーマに着目した本の交流をしようとしている。

◉ 学習指導計画　全5時間 ◉

次	時	学習活動	指導上の留意点
1	1	・学習の流れを確認する。 ・これまでどんな本に出会ったかを振り返る。 ・自分と本との関わりについて考える。	・アンケート方式のプリントで自分と本との関わりについてまとめていく。
2	2	・いちばん心に残っている本について考え，文（メモ）にする。 ・「森へ」を聞き，感想を発表する。	・ワークシートにいちばん心に残っている本について，書かせる。
	※この間に，教科書 P81，P265-269 記載の本などを参考に読む本を決め，並行読書を始めておく。		
	3	・「森へ」を読み，印象に残ったところをメモ書きし，ブックトークへつなげる。	・文章が長いので，挿絵（写真）を黒板に貼り，話の流れを確認する。
3	4	・印象に残っている本を再読したり，新たに選んだ本を読んだりして，紹介の仕方を考える。 ・グループでブックトークをして，本の魅力を伝え合う。	・ブックトークで紹介された本を読んでみることを勧め，できるだけ時間を確保する。
	5	・学習を振り返り，交流する。 ・今後の自分と本の関わりや読書することのよさについて考える。	・振り返りで考えたことをもとにした読書に着手させる。

💿 **収録（黒板掲示用イラスト，児童用ワークシート見本）** ※本書 P158-161 に掲載しています。

本時の目標
学習の流れが分かり，自分と本の関わりについて考えることができる。

授業のポイント
アンケート方式により本との関わりを分かりやすくまとめる。

本時の評価
自分と本との関わりについて考えている。

板書例

〈価値づけ〉読書することの価値を共有します。読書量は学力と相関関係があります。この学習を

③ 本のテーマに着目して、読み広げる
↓ 「森へ」を 読む

④ テーマを決めて、ブックトークをする

◇ 自分と本との関わりについて考えよう
・時間があるときだけ読む
・動物の本が多い
・読書量が少ない
※

〈友達に紹介したい本とその理由〉
・「○○○○」はらはらドキドキしておもしろいから
・「□□□□」看護師の仕事がよく分かって、看護師になりたいと思ったから
・「△△△△」歴史が好きになったから
※

※児童の発表を板書する。

1 めあて つかむ　目標と学習計画を立てよう。

「今までみんなはいろいろな本と出会ってきましたね。その中で特に心に残っている本があると思います。その本について，みんなにブックトークで紹介する学習をこれからしていきます。」

　教科書 P78 の「学習の進め方」を読み，この教材での学習の見通しを立てる。

「『学習の進め方』に沿って学習計画を立てましょう。」
・今までどんな本を読んだか思い出すんだね。
・特に心に残っている本は何だろう。

まずは，今まで自分が出会った本を思い出しましょう。

今読んでいる本は面白いけれど，特に心に残っている本は別のものかな…。

ぼくがこれまでに読んだ本で，いちばん好きな本は…何かな。

2 振り返る　どんな本に出合ってきたか振り返ろう。

読書記録カードを読み返しましょう。

『シートン動物記』の本は何冊か読んだ。動物が好きだから。

『ハリーポッターと賢者の石』。長い本だったけど，あっという間に読めたよ。

　読書カードなどから今まで自分がどんな本を読んできたか，どんな場面で読んだかを思い出させる。

・カードには書いていないけど，町の図書館でも何冊か本を読みました。
・調べものをするときにも本を読んだよ。
・5年の国語の授業で本を薦める文章も書きました。

　6年だけでなく4・5年からの読書カードがあれば持たせ，今までにたくさんの種類の本と出会ってきたことを思い出させる。

私と本

め 学習の見通しをもち、自分と本との関わりをふり返ろう

〈学習の進め方〉
1 自分と本との関わりを考える
2 印象深い本について、友達と話す

主体的・対話的で深い学び

・自分と本との関わりを考える際に，授業の場だけではすぐに思い出せないこともある。あらかじめ，自分の読書について親の思い出や感想を聞いてきたり，自宅の本を見直してきたりすることを指示しておく。その内容について交流することで，深い学びにつながる可能性が高まる。

準備物

・読書記録カード（各自）
・アンケート（児童用ワークシート見本 DVD 収録【6_17_01】）

3 対話する　自分と本の関りについて考えよう。

「教科書を参考にして，自分と本の関わりについて考えましょう。」
・本を読むのは，ぼくは，月に 1 冊ぐらいだ。
・わたしは週に 1 冊は読むかな。

教科書 P79 の設問をアンケート方式にしたプリントを児童に配って考えさせてもよい。

では，自分と本との関わりについて話し合いましょう。（アンケートから）何か気づいたことはありますか。

○○さんは，歴史のお話が好きなんだね。

あー，ぼくは本を読む量が少ないかも。

わたしは，動物の本が多いです。

アンケートに答えたり友達と交流したりすることで，自分と本との関わりがよく分かり，初めて気づくこともある。

4 交流する　みんなに紹介したい本を発表しよう。

「みんなはどんな本が好きでしょう。その中でもぜひ友達に紹介したい本はありませんか。本の題名と理由を発表してください。」

○○という本です。なぜかというと，はらはらドキドキして面白かったからです。

□□という本で，看護師さんの仕事のことがよく分かりました。この本を読んで看護師さんになりたいと思ったから，みんなにも読んでみてほしいです。

・△△という本をお薦めします。この本を読んで，歴史が好きになったからです。
・◇◇という本です。写真も載っていて，綺麗だからです。

「本を読むことでドキドキわくわくし，新しいことを知り，読んだ人の人生にも大きく関わってくるなど，本との様々な関わりがあるのですね。」

本時の目標
いちばん心に残っている本について考えることができる。

授業のポイント
いちばん心に残っている本を持ってこさせる。

本時の評価
いちばん心に残っている本が自分にとってどのようなものかが分かっている。

板書例

〈読書活動〉図書室を活用し，並行読書をします。テーマを見つけにくい児童もいるため，教師は

ブックトーク

一つのテーマに沿って，何冊かの本をしょうかいする活動

〈ブックトークの例から〉
○　テーマ … 自然の力強さ
○　三冊の本をしょうかい

〈「森へ」を聞いた感想〉
・写真がたくさんあって楽しかった
・森の中の様子がよく分かった

※児童の発表を板書する。

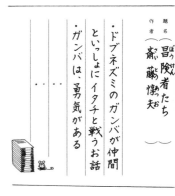

題名 （冒険者たち）
作者 斉藤惇夫

・ドブネズミのガンバが仲間といっしょにイタチと戦うお話
・ガンバは，勇気がある

---

1 読む 確かめる　印象深い本についての教科書の文例を読もう。

「教科書 80 ページを見ましょう。」
　　3 人の 3 つの作品それぞれの文を読ませ，どんなことが書いてあるかを確認させる。

「どんなことが書いてありますか。」
　・本の題名と作者。
　・本の内容と，本から受けた影響などです。

「みんなが特に心に残っている本は何ですか。今日持ってきましたね。」

「ナイチンゲール」を持ってきました。

迷ったから 2 冊持ってきました。「ナルニア国物語」と「ハリーポッター」です。

前の時間に話をした，みんなに紹介したい本を持ってきました。

2 書く　印象深い本について書こう。

「では，その各自持ってきた本について，書いていきます。」

　　ワークシートを配る。

「まず，題名・作者を書いておきましょう。」
「次に，教科書の文も参考に簡単なあらすじや，本から感じたことなどを書いておきましょう。」

みんながなぜその本を選んだのか，その理由をワークシートにメモしましょう。

ガンバが仲間と一緒にイタチと戦うお話でした。

　　ワークシートのメモの仕方を説明し，各自書かせる。文章にまとめるのは「森へ」の学習の後のため，この段階ではメモ程度にしておく。

いくつかのテーマを用意しておきます。

私と本

め 印象深い本について考えよう

〈三人の印象深い本についての文から〉
・題名、作者
・本の内容
・本の感想や、本から受けたえいきょう

◇ワークシートにメモしておこう

いちばん心に残っている本
名前（○○□□）

主体的・対話的で深い学び

・ブックトークを知らない児童が多い場合もある。事前にある程度ブックトークのイメージを持たせておくことで，「森へ」の読み方も主体的になると思われる。実際に行う予定の進め方について，できるだけ具体的に説明しておく方がよい。

準備物

・印象深い本（各自）
・ワークシート「いちばん心に残っている本」
（児童用ワークシート見本 DVD 収録【6_17_02】）

3 つかむ 教科書のブックトークの例を見て確かめよう。

「みんなにも，この学習のいちばん最後に，今書いたメモを参考にブックトークをしてもらいます。」
・ブックトークって何だっけ。
「教科書 82 ページの最初の 3 行を読みましょう。」
・一つのテーマに沿って，友達に本を紹介するんだね。
・本の魅力を分かりやすく伝えるんだ。

ブックトークの仕方について教科書の例を見ておきましょう。
テーマを決めて，何冊も紹介しないといけないんだ。
「自然の力強さ」というテーマで，3 冊も本を紹介している！

後で，教科書のブックトーク例について詳しく見ることにするので，ここではさっと見ておくだけでよい。
ここで，教科書 P81，P265–269 を確かめ，読む本の参考とさせ，並行読書を始めておくようにさせる。

4 読む 「森へ」の範読を聞こう。

「ここで，ブックトークで紹介された『森へ』がどんな話なのか先生が読んでいきます。聞きましょう。」

「森へ」の全文を範読する。全文が長く，一度読むくらいでは内容理解は難しい。事前に宿題などで読ませておくとよい。

「森へ」を聞いて，どんな感想を持ちましたか。発表しましょう。
写真がたくさんあって楽しかったです。
森の中の様子がよく分かりました。

写真が多く効果的に使われているので，写真と文章を対比させながら読み進める。

・カヤックで朝の海にいる写真は，ものすごく静かな感じがするよ。
・お化けのような木がすごい。何十年も経っていそう。

本時の目標

「森へ」を読み，印象に残った箇所を書き発表することができる。

授業のポイント

挿絵を板書したり挿絵入りのワークシートを使ったりすることで作品の流れを分かりやすくする。

本時の評価

自分の印象深い箇所と理由を発表している。

板書例

〈交流〉同じ箇所を選択した人どうしで交流したり，小グループでそれぞれ感じたことを交流

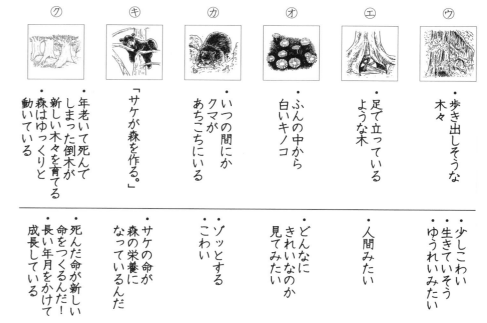

ウ
・歩き出しそうな木々

・少しこわい
・生きていそう
・ゆうれいみたい

エ
・足で立っているような木

・人間みたい

オ
・ふんの中から白いキノコ

・どんなにきれいなのか見てみたい

カ
・いつの間にかクマがあちこちにいる

・ゾッとする
・こわい

キ
「サケが森を作る。」

・サケの命が森の栄養になっているんだ

ク
・年老いて死んでしまった倒木が新しい木々を育てる
・森はゆっくりと動いている

・死んだ命が新しい命をつくるんだ！
・長い年月をかけて成長している

※児童の発表を板書する

1 読む　「森へ」を読もう。

「このお話は作者である星野さんを通して，森の中で『見たもの』『聞いたもの』『におい』『触った感じ』が読む人にも伝わってきます。本を読みながら，みんなも作者と一緒に森へ入っていきましょう。」

印象深いところを後で発表してもらいます。読みながら線を引いておきましょう。

森はゆっくり動いているって何だろう？

「印象深い箇所は，1つだけでなくてもいいですよ。面白かったところ，すごいなと思ったところ，初めて知ったことなど，本を読みながらみんなが感じた様々なところでいいです。」

児童に黙読させながら線を引く作業をさせる。分からない語句等があれば個別に説明する。

2 書く　印象深い箇所をワークシートに書こう。

板書のように「森へ」の写真，または掲示用イラストを黒板に貼り，挿絵入りのワークシートを児童に配る。

 自分が選んだ個所はどの写真（挿絵）の場面でしたか。ワークシートに理由と合わせて書きましょう。

  いつのまにかクマがあちこちにいる場面です。クマに囲まれているなんて怖すぎると思いました。

・「サケが森を作る」というところです。サケの命が森の自然に栄養分を与えるなんてすごいと思いました。
・根が足のように生えた不思議な足の木の謎が解けたことです。死んだ倒木が新しい木々を育てたことに生命の不思議を感じました。

各自教科書に線を引いた印象深い箇所を，あてはまる挿絵の場面の下に記入させ，なぜその箇所が印象深いのか理由も合わせて記入させる。

したりするなど，様々な意見を交流できるようにします。

・印象深い箇所を適切に選ぶことができていれば，ブックトークも質の高いものになる可能性が大きい。授業に入る前に予告しておき，家庭学習などである程度のめどをつけさせておくと，授業がスムーズに進みやすい。

準備物

・教科書 P83-91の写真の拡大版
（黒板掲示用イラスト DVD 収録【6_17_03】）
・ワークシート
（児童用ワークシート見本 DVD 収録【6_17_04】）

め 文章を読み、印象深い部分と
その理由を発表しよう

森へ　　星野　道夫

	印象深い部分	理由
⑦	・ミルク色の世界の中	・不思議な感じ
⑦	・ピロロロロロー ポチャン シューッ，シューッ，シューッ，バサッバサッ	・回りがとても静か ・ザトウクジラの声ビックリした！ ・ハクトウワシに見られていたんだ

---

3 発表する　印象深い箇所と理由を，各挿絵の場面ごとに発表しよう。

自分が選んだ印象深い箇所を，⑦の場面で書いた人から，理由といっしょに発表しましょう。

⑦では，ミルク色の世界というところです。不思議な感じがしました。

・⑦で，枝から着物のように垂れ下がった木々という箇所です。そんな木があることを初めて知りました。
・⑦で白いキノコの箇所です。ふんから生えるキノコを一度見てみたいと思いました。

　板書のイラストの順に，各自の印象深い箇所と理由を発表させ板書していく。

　「では，次に⑦の挿絵です。この川の色はどんな色でしたか。その黒くしずんだ色は何だったのでしょう。」など，各挿絵で，教師から簡単に説明を加えたり，質問を加えていくと文章の流れが分かりやすくなる。

---

4 交流する　みんなの印象深かった箇所を見直そう。

みんな様々な箇所を発表してくれましたね。友達の発表を聞いて気づいたことなどありますか。

わたしたちも森の中にいるような気になりました。

□□さんと同じ箇所だったけど，違う理由でした。そんな考え方もあるんだなと思いました。

・森の中の木やキノコ，川など森の中の様子を表している箇所がたくさんありました。
・死んでしまった木も役立っているんだね。
・ずーっと生命は続いている感じがしました。
・森はゆっくりと動いているという意味が分かってきました。

　意見を交流し，自分の感想と比べたりして，自分が気づかなかった新しい発見をさせる。

私と本／森へ

第 4 時 （4/5）

本時の目標
自分で考えたテーマにそって
ブックトークをすることがで
きる。

授業のポイント
この時間までにブックトークを
することについては，予告して
おき，候補のテーマについても
考えさせておく。

本時の評価
自分で考えたテーマにそって
ブックトークをしようとして
いる。

板書例

〈ブックトーク〉紹介する本を実際に手に取り，ブックトークすると伝わりやすくなります。

◇ ブックトークをしよう

① テーマを決める

② 本を選ぶ（三冊）

③ 話す内容を考える
・本のみりょく
・特に心に残ったところ　など

④ 練習する
↓
・実際に話してみる　一分～二分

⑤ グループでブックトークをする
・しょうかいする本を見せる
・見せたいページにふせんし，しおり
・クイズや問題も

本との関わりについて述べた部分

---

1 めあて つかむ 　ブックトークをするという課題を知り，教科書の例を確かめよう。

今日はいよいよブック
トークをしてもらいます。

テーマを決め
るんだね。

わたしは，推理
小説に決めた。

「では，簡単にブックトークについて確認しておきましょう。
教科書の 82 ページを見て下さい」
・初め，中，終わり，で考えるんだね。
・この子のテーマは，「自然の力強さ」だね。
・本のみりょくは，おもしろかったところと考えればいい
　かな。
・たしかに「森へ」の写真は，迫力があるね。
・そんな本が他にもあるかな。

　　　教科書のブックトークの例を読み，紹介の仕方を確かめる。

---

2 決める 　ブックトークのテーマを決めよう。

「ブックトークのテーマを考えておくように言いましたが，
決まったかな。」
・決まったよ！
・まだ迷っているんだけど…。

まだ決まっていない人は，
今から考えましょう。難しい
ときは，「森へ」から考えて
もいいですよ。

「森へ」のワーク
シートを読み直
してみよう。

「森へ」でテーマ
を決めて，それに
合う本を探して
みよう！

「教科書81ページにもテーマと本の例が載っていましたね。」
・「平和」にしてみようかな。
・ぼくは，スポーツの本からテーマを決めたいな。

　　　これから本探しをする必要がある場合は，図書室で授業を
行うとよい。

自分が一番伝えたいことに気持ちを込めて話すようにします。

私と本

め ブックトークをしよう

〈ブックトークの例〉

初め テーマを示す
・「自然の力強さ」

中 本のみりょくを伝える
・「森へ」から
・「特に心に残ったのは・・・・」

終わり まとめ
→・「あらたな視点を与えてくれる本」

🔍 主体的・対話的 で 深い学び

・ブックトークが新たな読書へのきっかけになればよいと考え，児童の負担になりすぎないように配慮する。特に，複数の本が読みこなせない児童には，ブックトークの際に話す視点（作者，テーマ，主人公など）についてアドバイスすることで考えやすくなる。

準備物

・ブックトーク用の本を探す場合は，図書室で授業を行うとよい。
・家にある本を紹介する場合は，各自持ってくるように伝えておく。

---

3 選ぶ 練習する

紹介する本を選び，ブックトークの内容を考え，話す練習をしよう。

テーマが決まったら，ブックトークの内容を考えていきましょう。

同じ棚にある内容が近い本をもう1冊読んでみようかな。

紹介する本も，何冊か読んだ中から選ばないといけないね。

もっといい本がないか，司書の先生に聞いてみよう。

「テーマにそって，紹介する本を選べましたか。どうしても，たくさんの本を紹介したい人は4冊以上でもいいですよ。2冊しか考えられない人はいますか？」

・ぼくは，3冊目が決まりません。

「そのテーマなら，こっちの棚にもありますよ。」

机間指導で，各児童の支援をしていく。クラスの実態によって，話すことのメモを書かせてもよい。

「内容が決まったら，実際に話す練習をしましょう。2分以内に終わるように考えて下さい。」

---

4 話す 交流する

ブックトークをしよう。

「ブックトークをするときは，紹介する本をみんなに見せながら話すようにしましょう。特に，見せたいページや絵などがあるときは，付箋紙を貼ったり，しおりを入れたりしてすぐに開けるようにしておくといいですね。」

「時間があるときは，内容に関するクイズを出してもいいですよ。」

・クイズがおもしろそうだな。

では，グループでブックトークをはじめましょう。

どの本も読んだことがないものばかりだな。

ぼくから言います。ぼくは，「科学読み物」というテーマで，3冊の本を紹介します。…

「一人が終わったら，感想を言ったり，質問をしたりできるといいですね。」

私と本／森へ

第 5 時 （5/5）

本時の目標
友達とブックトークをした感想を出し合い交流できる。
学習を振り返り，本や読書との関係を考えることができる。

授業のポイント
学習の振り返りから，今後の読書につながるきっかけとするために，授業時間中にできるだけ読書の時間を取りたい。

本時の評価
ブックトークから友達と本との関わりを知り，今後の自分と本の関わりや読書することのよさについて考えている。

〈読書環境〉ロッカー上などに展示コーナーを設けて，ブックトークで紹介した本を手に取ることが

板書例

☆ 記録カードに書く
　←
・博物館・資料館・美術館など
・文学館（作家や作品についてくわしく扱う）
・図書館
◇ 本の世界を広げよう

◇ 学習をふり返ろう
「自分と本の関わりについて考える」
・自分にとって大切な一冊を見つけられた
・本からいろいろなことを感じ取れた
・本からたくさんの知識と情報を知った
・自分の好きなことを深く学べた
・新しい世界を知った

※児童の発表を板書する。

---

1 交流する　ブックトークについて交流しよう。

「前の時間はグループでブックトークをしましたね。ブックトークで友達に本を紹介してどう思いましたか。また，友達の本の紹介を聞いて，どんなことを思いましたか。」

> グループでブックトークしたことについて感想を発表してください。

> 緊張したけどうまく話せました。

> ○○さんが面白いと紹介してくれた本を読みたくなりました。

　自分が話をした感想，友達の話を聞いた感想を交流する。
　ここで，評判のよかった児童，または前時のグループ交流で教師が見定めておいた児童に，もう一度みんなの前でブックトーク発表をさせてもよい。

---

2 振り返る　学習を振り返り，自分と本との
書く　　関わりについて考えよう。

「学習を通して，これまでの自分と本との関わりが分かってきたと思います。」

> 学習を振り返って，「自分と本との関わり」について考えたことをノートに書きましょう。

> 自分にとって大切な本を見つけることができました。

> これからもたくさんの様々な種類の本と出合っていきたいな。

「振り返りが書けたら，発表しましょう。」
　・本からたくさんの知識や情報も知りました。
　・自分の好きなことについて深く学べました。

「友達のブックトークを聞いて友達と本との関わり方も知ることができましたね。」
　・みんな本からいろいろと感じ取っていました。
　・友達の紹介を聞いて，知らなかった新しい世界を知ることができました。

できるようにします。児童の読書環境を整備します。

私と本

ブックトークの感想を交流し、
学習をふり返ろう

◇ ブックトークをふり返ろう
・自分が話した感想
・友達のブックトークを聞いた感想

🔍 主体的・対話的で深い学び

・振り返りが単なる学習の感想だけにならずに，今後の読書につながるきっかけにしたい。振り返りに具体的な本やテーマを挙げさせ，できればその読書を始める時間も授業中にとることでより主体的な読書になっていく。

準備物

・振り返りの後，本を探して読書時間をとる展開とする場合は，図書室で授業を行うとよい。

3 学びを深める 読む　学習を生かして，次の本を探して読書しよう。

テーマを考えたりブックトークを聞いたりして読んでみたくなった本はありましたか。

わたしは，歴史の本を読んでみようかな。

「平和の本」を読んだことがないから，読んでみたい。

「では，せっかく今までとは違う本に興味を持った人もいるようなので，今回の学習を生かして，読書をもう少ししてみましょう。」
・同じテーマの本を，もっと読んでみようかな。
・○○さんが紹介していた本はどれかな。

　ここで，あらたに本を探し読書をする時間を取る。この時間を有効なものとするために，授業のはじめから図書室で授業を行っておくとよい。

4 学びを広げる　施設を利用して，本の世界を広げよう。

図書館以外でも本を読んだり，何か調べたりできる施設があります。前に勉強しましたね。覚えていますか。

文学館です。「地域の施設」の勉強で知って，その後家族で行ってみました。

他に，博物館・資料館もあります。

　教科書 P34，35「地域の施設を活用しよう」を確認し，学習したことを思い出させる。

「そうですね。文学館は作家やその作家の作品について詳しく扱っている施設です。歴史や文化，芸術，産業，自然科学などについて深く知りたいときには，博物館，資料館，美術館に行くとよかったのですね。」
　自分たちの地域の施設について振り返り，今回あらたに興味を持ったことについて本を読んだり調べたりしたい場合は，どこに行けばよいか確かめ合わせる。

「どんどん本を読み，読書の記録を増やしましょう。」

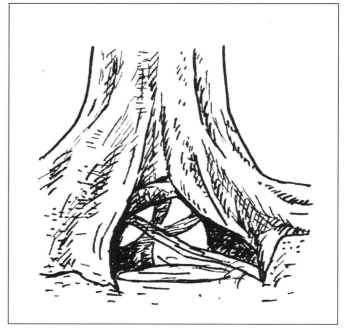

ワークシート 第1時

アンケート　　　　　　　　　　　　　名前（　　　　　）

● 自分と本の関わりについて考えましょう。

※[ ]の中に○を、それ以外のことは（ ）の中に書きましょう。

(1) どんなとき、本を読みたくなりますか。
　[ ]知りたいことがあったとき
　[ ]楽しみたいとき
　[ ]さびしいとき
　[ ]ひまなとき
（　　　　　　　　　　　　　）

(2) どのくらい本を読んでいますか。
　[ ]月に一冊くらい
　[ ]週に一冊くらい
（　　　　　　　　　　　　　）

(3) どんな読み方をしていますか。
　[ ]じっくりと
　[ ]ぱらぱらと
　[ ]くり返して
　[ ]必要なところだけ
（　　　　　　　　　　　　　）

(4) どこで読んでいますか。
　[ ]学校で
　[ ]自宅で
　[ ]バスや電車の中で
　[ ]公園で
　[ ]図書館で
（　　　　　　　　　　　　　）

(5) 読むと、自分にどんな変化が起きますか。
　[ ]新しい知識を得られる
　[ ]楽しい気持ちになる
　[ ]何も変わらない
（　　　　　　　　　　　　　）

(6) どんな本が好きですか。
　○でかこみましょう。
　・写真や絵がきれいな本
　・文字だけの本
　・事実にもとづいて書かれた話
　　（ノンフィクション）
　・物語　　　・科学読み物
　・伝記　　　・推理小説
　・まんが　　・SF（エスエフ）
　・詩集　　　・歴史物
　・動物記
（　　　　　　　　　　　　　）

(7) これから読みたい本はどんな本ですか。
　[ ]宇宙開発のことが分かる本
　[ ]職人のドキュメンタリー
　[ ]海外のファンタジー
（　　　　　　　　　　　　　）

私と本／森へ

ワークシート 第2時

いちばん心に残っている本　　　　　名前（　　　　　）

題名（　　　　　）　（　　　　　）

作者（　　　　　）　（　　　　　）

私と本／森へ

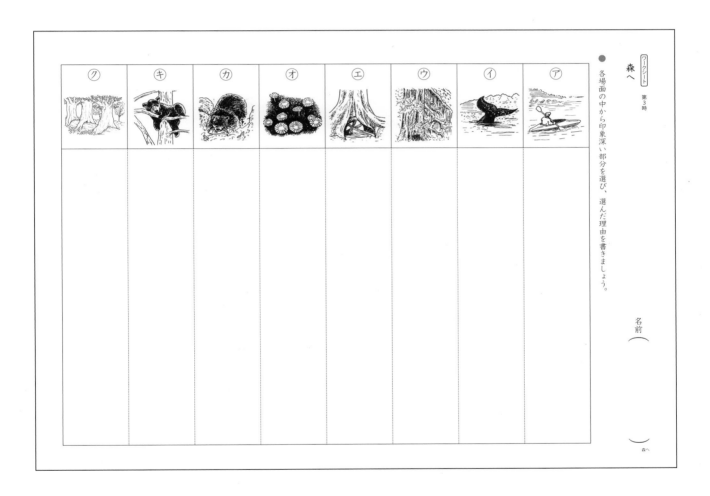

ワークシート　第3時

森へ

● 各場面の中から印象深い部分を選び、選んだ理由を書きましょう。

名前（　　　　　　　　　　　）森へ

⑦ ク	⑦ キ	⑦ カ	⑦ オ	⑦ エ	⑦ ウ	⑦ イ	⑦ ア

詩を味わおう

せんねん　まんねん

全授業時間 1 時間

◉ 指導目標 ◉

- 詩の全体像を具体的に想像したり，表現の効果を考えたりすることができる。
- 比喩や反復などの表現の工夫に気づくことができる。
- 楽しみながら詩の表現の工夫とその効果を考え，今までの学習をいかして互いの考えを伝え合おうとすることができる。

◉ 指導にあたって ◉

①　教材について

　「せんねん まんねん」の詩は，児童に身近な動植物や分かりやすい言葉づかいで書き表されています。各行のつながりや繰り返しも楽しくリズミカルで，音読を通して内容を理解する学習に適した教材です。なじみやすい表現を楽しく味わいながら，詩の最後の永遠の時の流れという抽象的なテーマに，気づかせていきます。この詩には，これまで学習してきた比喩や反復などの技法が使われています。単調な読みになってしまわないよう，強弱や間，速さなどを工夫することが大切になってきます。詩の内容や表現の工夫を読み取る学習によって，一つひとつの言葉を大切にした音読につなげます。

②　主体的・対話的で深い学びのために

　今までの学習をもとに音読の工夫を具体的に考えさせ，楽しく音読発表できるよう心掛けます。また，友達の発表を聞き，そこから，自分にないよさや工夫を学ばせることも大切です。そのためには，漠然と聞くのではなく，よい点を具体的に見つけられるように意識して聞かせることが大切です。

　また，一見分かりやすい言葉を使っているように見えますが，深い内容を持った詩です。そのため，児童による解釈や読みの違いを交流させることにより，より深い学びにつながるでしょう。

　その学びが音読に生かせれば，いっそうより効果的な学びとなります。そのために，まずは個々にしっかりと読み，考えを持たせることから始めたいところです。

162

知識 及び 技能	比喩や反復などの表現の工夫に気づいている。
思考力，判断力，表現力等	「読むこと」において，詩の全体像を具体的に想像したり，表現の効果を考えたりしている。
主体的に学習に取り組む態度	楽しみながら詩の表現の工夫とその効果を考え，今までの学習をいかして互いの考えを伝え合おうとしている。

◉ 学 習 指 導 計 画 　 全 1 時 間 ◉

次	時	学習活動	指導上の留意点
1	1	・「せんねん まんねん」の詩を読み，表現の仕方や内容について考える。 ・感じたことが伝わるように工夫して音読を練習し，グループで音読発表をする。 ・友達の音読のよいところや工夫しているところを交流する。	・言葉のつながり，連のつながり，擬人法，反復表現の工夫に着目させる。 ・特徴的な表現や，テーマについて考えさせる。 ・強弱，抑揚，間の取り方などこれまでに学習してきた読み方の工夫を生かして，表現を考えさせる。 ・工夫する音読方法を，線や記号を使って，教科書に書き込ませてもよい。

📀 **収録（黒板掲示用イラスト，児童用ワークシート見本）** ※黒板掲示用イラストは，本書 P166，167 に掲載しています。

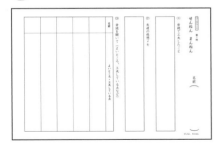

本時の目標

「せんねん まんねん」の詩の内容や表現の特徴を考え，感じたことが伝わるように読むことができる。

授業のポイント

反復表現に着目させ，それがどのような効果を生み出したり，内容の表現につながっていたりするのかを考えさせる。

本時の評価

詩の内容や表現の特徴を考え，感じたことが伝わるように工夫して音読している。

板書例

〈音読の工夫〉音読の上手，下手にこだわらず，「なぜ，そのように音読したのか」「どのような

ヤシの
木→み→ミミズ→ヘビ→ワニ→川→清水

〈感じたこと・考えたこと〉
・いろんな命（自然）のつながり
・四季のくり返し，ずっと続く
・ものすごく長い時間
・ながいみじかい（だれにとって）
　　　　　　　　　　　※

〈音読の工夫〉
・声の大きさ（大きい＝＝　小さい……）
・読む速さ　（速い――　おそい〜）
・間をとる　（＜）

◇ 友達の音読を聞いた感想を交流しよう

・はるなつあきふゆ … 季節が何度もめぐる感じ
・「昇って昇って〜」 … 水がぐんぐん昇っていく感じ
・最後の二行 … 自然が続く感じ
　　　　　※

---

1 音読する 出し合う

「せんねん　まんねん」の表現の特徴を考えよう。

まず教師が音読した後，児童全員で音読する。

この詩は，書き方（表現の仕方）にどんな特徴があるでしょう。

「その」という言葉が続きます。文がつながっている感じです。

一連と二連は繰り返しています。

・一連も二連も 11 行です。
・清水が昇って眠るというのは，擬人法です。
・「のむ」も繰り返し使われています。
・「その」「のむ」でリズム感が出ていると思います。
・ミミズ〜川とだんだん大きくなっています。
・「はるなつあきふゆ」も繰り返されています。
・平仮名を使っているね。

「いろいろなところに繰り返しの表現がありますね。」

---

2 対話する

詩を読み，感じたことや考えたことを話し合おう。

詩を読んで感じたことや考えたことについて，線を引いたり，メモを書き込ませたりしてから発表させる。

・「せんねんまんねん」が平仮名なのはどうしてかな。
・動物だけでなく，木や川も含めた自然全体のいろんな命がつながっている感じがしました。

『はるなつあきふゆ』と繰り返されていますが，これは何を表しているのでしょうか。

四季が何度も繰り返していること。

平仮名だと，ずっと続く感じがする。

ヤシの実がのっぽのヤシの木になることや，ミミズ〜川までのつながりも繰り返している。

「最後の 1 行はどう感じますか。何を表していますか。」
・ものすごく長い時間，長い年月。
・自然の繰り返しは，あるものにとっては長いけど，あるものにとっては短い時間なのだと思います。

詩のテーマについて話し合いで深めていく。

思いや考えで音読したのか」という根拠を大切にします。

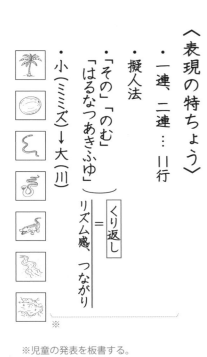

板書例（縦書き）:

せんねん　まんねん
まど・みちお

め　詩を読んで感じたことが伝わるように音読しよう

〈表現の特ちょう〉
・一連、二連……11行
・擬人法
・「その」「のむ」
「はるなつあきふゆ」　＝　くり返し
・小（ミミズ）→大（川）　リズム感、つながり

※児童の発表を板書する。

主体的・対話的で深い学び

・音読の仕方に唯一の正解はない。一部分を大きな声で読んでも小さな声で読んでも強調はできる。ただ、その工夫の根拠を詩の解釈とつなげて持たせたい。その根拠を交流することで、仮に音読の技術がつたなくても、本人にとっても、周りの児童にとっても、対話的な学びが成立する。

準備物

・黒板掲示用イラスト　DVD 収録【6_18_01】
・ワークシート（児童数）
　（児童用ワークシート見本　DVD 収録【6_18_02】）

3 対話する・発表する　音読の工夫をして、グループの中で発表しよう。

「自分の感じたことが伝わるように音読の工夫をしましょう。」
・声の大きさ、読む速さ、間のとり方で工夫できるね。

この詩に出てくる繰り返しの部分をどのように音読するかを考えてみましょう。

「せんねんまんねん」をゆっくりのんびり読もう。

「〜がのむ」の繰り返しでは、ちょっと早く読む。どんどん繰り返されている感じを出したいから。

　自分が考えた音読の工夫を、板書例のような音読記号を使って教科書に書き込ませる。

「グループに分かれて音読を発表し合いましょう。自分が音読に工夫したところや、友達の音読のよいところや工夫している点をワークシートに書きましょう。」
・ぼくから始めます。「はるなつあきふゆ」を繰り返すとき、読みの速さと声の大きさを変えました。

4 交流する　友達の音読を聞いて、思ったことを交流しよう。

友達の音読を聞いた感想を伝えましょう。

間のとり方が、とても上手でした。

「はるなつあきふゆ」の繰り返しは抑揚をつけて読んでいたので、何度も季節が巡ってくる感じが出ていました。

　感想交流もグループ内で行わせる。

「自分の音読についての友達の意見は、簡単にメモしておきましょう。」
・「昇って昇って昇りつめて」のところの読み方が、水がぐんぐん昇っていく感じがよく出ていました。
・最後の2行をゆっくりと力強く読んでいて、自然の命がずうっと続いていく感じがよく出ていました。

　時間に余裕があれば、グループから1人ずつ選んで、よさや工夫を紹介してクラス全体の中で音読発表させる。

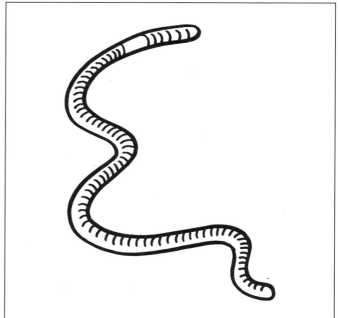

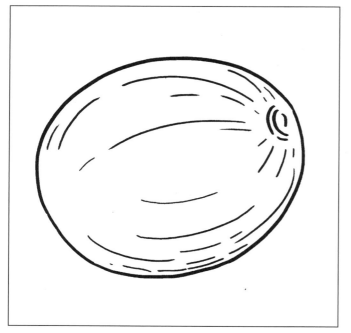

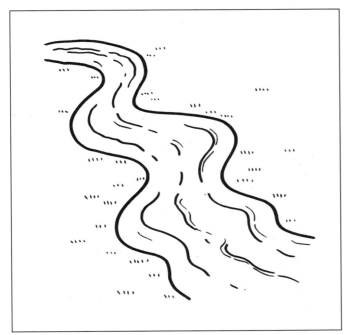

いちばん大事なものは

◎ 指導目標 ◎

- 互いの立場や意図を明確にしながら計画的に話し合い，考えを広げたりまとめたりすることができる。
- 思考に関わる語句の量を増し，話や文章の中で使うことができる。
- 積極的に自分の考えを広げたりまとめたりしながら，学習の見通しをもって互いの考えを尋ね合おうとすることができる。

◎ 指導にあたって ◎

① 教材について

　身近な課題に取り組み，対話することの価値を実感することで，日常生活にいきるコミュニケーション能力を伸ばす「話す・聞く」活動の教材です。この単元では，「これからの生活で，どんなものや考え方を大切にしていきたいか」をテーマにしています。それぞれが考えたことを書き，他の人と思いや考えを交流することで，自分の考えを広げたり，深めたり，新しい視点を見つけたりします。その中で，人によって考え方が違うことを確かめ，その人がなぜそのように考えるのか，理由や背景を理解することを目指します。難しいテーマでも，立場の違う多くの人と意見を交流することで，自分なりに納得できる考えが見つけられるとよいでしょう。

② 主体的・対話的で深い学びのために

　自分の考えを書くとき，まずは箇条書きで書かせます。そして，必要なことは何か，何を自分が大切にしたいと思っているか，順位づけをさせます。そうすることで，児童は，自分が一番言いたいこと，伝えたいことを絞っていくことができるでしょう。それでも，テーマが分かりにくい，具体的でない場合はなかなか書けない児童もいます。その場合は今までの学校生活，行事を振り返らせます。そのとき自分がどのような気持ちで取り組んだのかを思い出させ，書き出すきっかけを見つけさせましょう。

　友達との考えを交流する活動として，ここでは，三人一組でメンバーを入れ替えながら多くの友達と対話を繰り返します。繰り返す中で，前のグループで出てきた話も共有し，より多くの考えや意見に触れる活動とします。

◉ 評価規準 ◉

知識 及び 技能	思考に関わる語句の量を増し，話や文章の中で使っている。
思考力，判断力，表現力等	「話すこと・聞くこと」において，互いの立場や意図を明確にしながら計画的に話し合い，考えを広げたりまとめたりしている。
主体的に学習に取り組む態度	積極的に自分の考えを広げたりまとめたりしながら，学習の見通しをもって互いの考えを尋ね合おうとしている。

◉ 学習指導計画　全2時間 ◉

次	時	学習活動	指導上の留意点
1	1	・これまでに活動を振り返り，自分の気持ちを思い出す。 ・これからの生活の中で，どんなことを大切にしていきたいか，自分の考えを書く。 ・ペアになって，自分の考えを伝え合う。	・まずは学校行事を思い出し，そこで自分がどのような気持ちで取り組んだのかを出し合わせる。 ・これまでの活動で振り返ったことや教科書の例を参考に考えさせる。
1	2	・三人一組のグループを作り，考えを聞き合い，考えた理由や質問，感想を伝え合う。 ・二度メンバーを入れ替えて，同様に互いの考えを聞き合い，質問し合う。 ・最後に初めのグループに戻って，交流したことから自分の考えがより広がったり深まったりしたことを確かめ合う。 ・最終的な自分の考えをまとめて書き，書いたものを読み合う。 ・学習を振り返る。	・グループで交流する際には，友達の意見や感想をメモにとらせる。 ・グループ交流の際の「あいさつ」や「聞き方」についても指導する。 ・自分の考えを書き足したり，直したりさせる。 ・「いちばん大事なもの」についてのお互いの考えや，対話の意義について確かめ合わせる。

いちばん大事なものは

第①時 (1/2)

本時の目標
これからの生活で大事にしていきたいことをノートにまとめることができる。

授業のポイント
いきなり大事にしていきたいことを書く，というのは難しい。過去の行事の中で自分が大事にしてきたものや考えを出し合い，ノートにまとめていくことから始めるとよい。

本時の評価
自分が大事にしていきたいことについて，考えをノートにまとめている。

板書例

〈褒めて認める〉展開２では，一人ひとりの考えが違ってよいのです。その違いを褒めて認めて

◇ これから大切にしたいものや考え方について考えよう

・１年生との交流
・校外学習（遠足，地域活動など）
・運動会
・委員会活動　・音楽会
・給食　　　　・クラブ活動
・友達との交流
　　　　　　　・毎日の授業
　　　　　　　　　　　　　※

そのとき大事にしたのは →

・絶対に成功させよう　・失敗しないようにしよう
・みんなといっしょに作ろう　・楽しもう
・プラス思考でがんばろう　・笑顔で取り組もう
　　　　　　　　　　　　　　　　　　※

① 自分の考えをノートに書く
・何事にもプラス思考で取り組むこと
・笑顔でやりきること
・最後まで投げ出さない
・仲間を大事にしていきたい
　　　　　　　　　　　　　※

② ペアで伝え合う
　　質問し合う ←

※児童の発表を板書する。

---

1 振り返る 出し合う
これまでの行事や活動を振り返り，どのような気持ちで取り組んだか考えてみよう。

６年生になってからこれまでの活動の中で，どのようなことがありましたか。

私は音楽会がとても印象に残っています。

ぼくは運動会。組体操の練習が大変だったから覚えているよ。

　ここでたくさん意見を発表させることが次につながる。できるだけ多く出し合わせたい。ここでいう活動とは，大きな行事だけでなく，「１年生との交流」であったり，「委員会活動」などの常時活動であったりと小さなことも出し合わせる。

「こんなにたくさん活動が出てきました。いろいろ頑張ってきたことがありましたね。では，そのとき，みなさんはどんな気持ちで，どんなことを大事だと考えて取り組みましたか。その時の気持ちを思い出してみましょう。」

　簡単にノートに書かせてもよい。

---

2 交流する
これまでの活動の中で，大事にしてきたものや考え方について発表しよう。

どんな気持ちで，どんなことを大事に思って取り組んだか発表してください。

音楽会でみんなと音を合わせようと意識しました。

遠足でグループ活動をしたとき，班長だったから，みんなをまとめようと思って頑張ったよ。

・授業で毎回絶対一回は発表しようと自分で決めてやっていました。
・私は，委員会活動。６年生になって，５年生のときにもやったことがある体育委員になったけれど，５年生や下の学年との活動でまとめ役を頑張ってやりました。

　今まで大事にしてきたものや考え方について，できるだけ多く出し合わせる。

「今まで取り組んできた活動の中で，それぞれ頑張ったこと，大事にしてきたことがありましたね。」

励まして，それぞれの考えを大切にすることが重要です。

いちばん大事なものは

め 自分がこれからの生活で大切にしていきたいものや考え方についてまとめよう

◇ これまでの活動をふり返ろう

〈6年生になってからがんばってきたこと〉

画像
画像
画像
画像

※学校行事などの画像を掲示する。

🔍 主体的・対話的で深い学び

・これまでの活動が出にくい場合は，「どんなことがあったのか」「その時，どんな気持ちで取り組んでいたのか」を話し合ってから出し合わせるのもよい。
・黒板を開放して，児童に前に出て書かせるようにしてもよい。

準備物

・6年生になってからの，学校行事など校内・校外学習活動の写真や，作文など。

3 めあて つかむ これから大事にしていきたいものや考え方について書こう。

「では，これからの生活で，みなさんは，どんなものや考え方を大切にしていきたいと考えているでしょうか。」

教科書 P94 を開いて読み，課題を確認する。

「自分の考えをノートに書きましょう。」
・どんなことを書けばいいのかな…。
　何を書けばよいのか分からない場合は，教科書の子どもの発言や，今までの活動で頑張ったこと，大事にしてきたことをヒントに考えさせる。

ぼくはサッカーかな。ずっとやっているし，大好きだから。

私はやっぱり友達かな。一緒にいると楽しいし，悲しいときやさびしいときに助けてくれる大事な存在…。

早く書けた何人かに見本として発表させてもよい。

4 交流する 友達と伝え合い，考えを深めよう。

では書いたことを隣の人と伝え合いましょう。聞きたいことがあれば質問しましょう。

ぼくは野球が好きだからずっと大事にしていきたいよ。

野球の中でも，特に大切にしたいことは何かある？

道具も大事だけれど，野球チームのメンバーが…。

自分が書いたことを出し合い，互いに質問し合わせる。尋ね合うことで，大事なことや考え方についてより深めさせる。

「そのために大事なことを質問したり，アドバイスしたりするといいですね。」
・笑顔で過ごすことが大切だと思う。そのためにはどうしたらいいかな。
・どんなときも，プラス思考で考えるようにしていったらいいんじゃないのかな。

交流後，考えに変化があれば書き留めておかせる。

いちばん 大事なものは

第 2 時 （2/2）

本時の目標
自分の考えを友達と交流させて
より深めることができる。

授業のポイント
前時に書いておいた考えを友達
と交流し，そこで得た意見や感
想を踏まえ，自分の考えをより
深めさせたい。できるだけ多く
の人と意見交流させるとよい。

本時の評価
考えを交流していく中で自分の
考えを深めたり，付け足したり
している。

板書例

〈学ぶこと〉学ぶの語源は「真似ぶ」と言われています。仲間の真似をして取り入れたり，自分の

☆ 話し合い活動のすばらしさ、よさ

＝ ・難しい話題でも、立場や考え方のちがう多くの人の意見を聞くことで、自分なりに納得ができる考えが見つかることがある

〈交流した感想〉
・自分の考えが浅かったのが分かった
・質問されたことでより考えが深まった
・アドバイスがとても役に立った

※児童の発表を板書する。

4 書いたものを見せ合う

3 他の人と意見を交流して、変わったり深まったりした自分の考えをノートにまとめる

③ 最後に、初めのグループでふり返る
← （②を2回くり返す）

---

1 めあて つかむ　課題を知り，前回まとめた「大事にしているもの」を読み返そう。

「前時に書いたものを，何人かに発表してもらいます。」

教師はそれぞれの考えを読んでおき，何人かに発表させ，本時のめあてにつなげる。

「今日は前回みんなが書いたそれぞれの考えを，グループごとに意見交流します。そしてその意見から自分の考えをより深めていきます。」

前回まとめた自分の
考えを，もう一度読み
返してみましょう。

○○さんの発表を聞いて
思いついたことを，少し
付け足しておこう。

前時の最後に少し交流してみた経験を生かし，今回はさらにレベルアップさせていくことを伝えて，児童に興味・関心を持たせる。

2 交流する　大事にしてきたものや考え方についてグループごとに交流しよう。

教科書 P95 ②を読み，進め方を確かめ，交流する。

①三人一組のグループを作り，互いに考えを聞き合う。その際，聞いている二人は発表者に対し，理由や質問，感想を必ず言うようにする。全員が考えを伝える。
②メンバーを入れ替えて別グループを作り，同様に繰り返す。このとき，前のグループでの対話内容を共有する。
③最後に，初めのグループに戻って振り返る。

互いに考えを聞き合う中でいい
な、と思った意見や感想はメモす
るようにしましょう。

ぼくは、何事も前
向きにプラス思考で
取り組むことを…

私が大事にして
いきたいのは、笑
顔です。いつも笑
顔でいれば、楽
しいと思います。

意見交流の際は「よろしくお願いします」「ありがとうございました」の言葉を必ず言い合うようにさせる。

力に変えたりする，これが学校で学ぶことの醍醐味です。

いちばん大事なものは

め 意見を交流して、自分の考えを深めよう

〈学習の進め方〉
1 自分の考えを確認する
2 意見をグループで交流しながら
互いに質問したり、理由を聞いたりして
考えをより深める
① 三人一組で聞き合う
② メンバーを入れかえて別のグループで聞き合う

主体的・対話的で深い学び

・グループ交流の際は必ず話し手の方を向いて話を聞くようにする。
・「よい聞き手はよい話し手を育てる」を意識し，聞き手の姿勢，態度，リアクションを大切なこととして指導する。
・三人一組のグループ交流の最後に，初めのグループに戻ったときには，印象に残った友達の考えや，広がったり深まったりした自分たちの考えを交流させるようにする。

準備物

3 学びを深める 書く　友達と交流して，変わったり深まったりした考えをノートにまとめよう。

「たくさんの友達と交流できましたね。交流して，変わったり深まったりした自分の考えがあれば，ノートに書き直したり，書き足したりしましょう。」

特に，この言葉で自分の考えが変わったり，深まったりしたというものがありましたか。

ぼくは，伊藤さんが言ってくれた，「その夢に近づくために必要なことはなんですか」という質問が一番心に残りました。僕はそこまで考えていなかったから…

　自分の考えを聞いた友達からの質問や感想などを，箇条書きで書かせ，その中でも特に心に残った言葉を考えさせるとよい。「その友達の言葉から自分の考えがどう変わったのか」に観点を絞ってまとめさせる。

4 交流する 振り返る　書いたものを見せ合い，感想を交流しよう。

では書いたことを見せ合いましょう。

ぼくは山本くんの質問が一番ドキッとして心に残りました。…

確かにその言葉はドキッとするね。

　自分が書いたことをペアやグループで交流することでさらに考えを深めさせる。その後，全体で発表させ，みんなで共有していくのもよい。

「友達の考え方を聞いて，自分の考えにいかせましたか。」
・質問されたことで，より考えが深まりました。
・アドバイスがとても役に立ちました。

「難しい話題でも，立場や考え方の違う多くの人の意見を聞くことで，自分なりに納得ができる考えが見つかることがあります。そういう話し合い活動をこれからも増やしていきましょう。」

利用案内を読もう

◉ 指導目標 ◉

- 目的に応じて，文章と図表などを結び付けるなどして必要な情報を見つけることができる。
- 文章の種類とその特徴について理解することができる。
- 文章を読んで理解したことに基づいて，自分の考えをまとめることができる。
- 身の回りのさまざまな媒体から必要な情報を見つけることに関心をもち，学習課題に沿って効果的な読み方について交流しようとすることができる。

◉ 指導にあたって ◉

① 教材について

　私たちは，日常生活の中で，利用案内や説明書，広告などさまざまなものから情報を得ています。ここでは，図書館の利用案内を教材として取り上げ，その中から，目的に応じて，必要な情報を見つけて読み取ったり，ウェブサイトも含めた複数の情報を組み合わせて考えたりします。

　児童は，普段から，何気なく紙媒体やウェブサイトなどのさまざまな情報源から情報を取捨選択して利用しています。この学習を通して，身の回りのさまざまな媒体を効果的に読み取り，状況を判断して必要な情報を選択する力を育てます。今後，児童が他教科や学校・学級の活動の中で，または生活する中で，この学習を生かすことができればよいでしょう。

② 主体的・対話的で深い学びのために

　この学習では，多くの対話的な学びが設定できます。設問に対してどの情報を選択するのか，なぜその情報が適切なのかを話し合います。話し合うことを通して，目的に応じて適切な情報を見つけることが大切であること，そのために，見出しを見ると情報を見つけやすいことなど，様々なことを学ぶことができるでしょう。

知識 及び 技能	文章の種類とその特徴について理解している。
思考力，判断力，表現力等	・「読むこと」において，目的に応じて，文章と図表などを結び付けるなどして必要な情報を見つけている。 ・「読むこと」において，文章を読んで理解したことに基づいて，自分の考えをまとめている。
主体的に学習に取り組む態度	身の回りのさまざまな媒体から必要な情報を見つけることに関心をもち，学習課題に沿って効果的な読み方について交流しようとしている。

◉ 学習指導計画　　全 3 時間 ◉

次	時	学習活動	指導上の留意点
1	1	・利用案内や説明書，広告などから情報を得るという経験について想起する。 ・教科書 P98 の利用案内を読み取る。 ・教科書 P97 ①〜③の設問について考え，話し合う。 ・パンフレットの特徴をまとめる。	・これまでにどのようなパンフレットを見たことがあるのかを交流する。 ・設問に対して，どこを読むとよいのか，なぜなのかの理由を述べさせる。
	2	・ウェブサイトを見た経験について想起する。 ・教科書 P99 のウェブサイトを見て，何が書かれているか読み取る。 ・教科書 P97 ④の設問に沿って，参加したいイベントを選び，話し合う。 ・ウェブページの特徴をまとめる。	・これまでにどのようなウェブサイトを見たことがあるのかを交流する。 ・設問に対して，選んだ理由も考えて書かせ，交流する。
	3	・パンフレットとウェブサイトの比較を通して，違いやそれぞれの活用のしかたについて話し合う。 ・実際に近隣の公共図書館のウェブサイトを見て，確かめる。 ・学習を振り返る。	・前時までに確かめたことを生かして，それぞれの特徴を整理させる。メリット・デメリットを取り上げさせるとよい。 ・住んでいる地域の図書館のホームページを実際に閲覧し，学習したことを活用する。

利用案内を読もう
第 ❶ 時 （1/3）

本時の目標

目的に応じて，提示された情報源から，図表などを結び付けるなどして必要な情報を見つけることができる。

授業のポイント

パンフレットの特徴をつかみ，利用する際にどこを見るとよいのかを体験的に学ぶ。

本時の評価

目的に応じて，文章と図表などを結び付けるなどして必要な情報を見つけている。

板書例

〈実物提示〉児童の学びに対する興味関心を引き出すには，実物を用意することが有効です。

パンフレットの特徴
・見出しを見ると知りたい情報が見つけやすい
・目的ごとに書かれている

※児童の発表を板書する。

わかば市立図書館　利用案内
□利用カードを作る
・
・
□本を借りる
・
・
□本を返す
・
・
□予約・リクエストする
・
・
○中央図書館　　○東図書館　　○西図書館

※教科書 P98 の利用案内を掲示する。設問 1 〜 3 で，どこを読めばよいか指し示す。

2
「本を借りる」
・（数）合計20冊まで，（期間）2週間
・（本が見当たらない場合）予約・リクエスト

3
「利用しやすい図書館はどこか」
・西わかば駅のそばに住む人 → 西
・遅い時間まで仕事をしている人 → 中央
・車で図書館に行きたい人 → 東

---

1 めあて つかむ　　パンフレットを読んでみよう。

「パンフレットについて，知っていることを出し合いましょう。」

・国語辞典には，「簡単に閉じた薄い本」と書いてあります。
・お店に行くと，旅行とか商品のパンフレットを見かけます。

どんなときにパンフレットを活用するのでしょうか。

お父さんは，パソコンを買い替えないといけなくて，パンフレットを眺めながら悩んでいたよ。

旅行だと，お母さんが行き先を決めたり，値段を確認したりしていたよ。他にも，日程についても調べていたよ。

準備しておいたパンフレットをいくつか示すとよい。

「私たちは，生活の中でさまざまな情報を手に入れて生活しています。それらの情報をどのように読み，必要な情報を手に入れたらいいのかを考えましょう。」

2 調べる　　図書館の利用案内を読んで調べよう。

「わかば市立図書館の利用案内を読み，どんな情報があるのかを調べましょう。」

教科書 P98 を確認し，どのようなことが書かれているのかを各自で読み取らせる。

「大切だと思う語句や文章に線を引きましょう。利用案内を読んでみて，分かったことを交流しましょう。」

「本を借りる」には，借りられる本の冊数や貸出期間などが書かれているよ。

開館時間や閉館時間が詳しく書いてあるよ。地図もあるから，自分の家の近くの図書館がどこなのかを知ることができるね。

「案内を見て分かったことを使って，利用するのに困っている人にアドバイスをしましょう。」

教科書の設問 1 〜 3 につなぐ。

旅行や市などの案内パンフレットを準備しておきましょう。

利用案内を読もう

め パンフレットから必要な情報を読み取ろう

〈パンフレット〉
・薄く閉じた本
・旅行案内
・商品について

※児童の発表を板書する。

1 「利用カードを作る」
・(作れる場所) すべての図書館で
・(必要なもの) 住所と氏名が確認できる証明書

※準備したパンフレットを掲示する。

主体的・対話的で深い学び

・パンフレットを見たり利用したりした児童は多くいるだろう。「どのように見たらよいか」「パンフレットの特徴」などを話し合うことで，パンフレットの見方に気づかせる。

準備物

・パンフレット(数種類用意しておいて，児童が手に取ることができるように，教室に展示しておく)
・(黒板掲示用) 教科書 P98 の利用案内の拡大版

---

3 対話する　教科書の設問1〜3を考えよう。

「それでは，3つの場面で利用案内を読む人がどうすればいいのかを考えましょう。」

教科書 P96，97 の1〜3の設問に取り組ませる。まず個人で考えさせ，その後にグループ交流とする。

1は，一番上の「利用カードを作る」を見ます。わかば市に住んでいる石井さんは作ることができます。

利用案内の見出しを見ると，だいたいのことがどこに書かれているのか分かるね。

「答えといっしょに，なぜそのように考えたのか，どこを見たらよいのかなどの理由も書いておきましょう。」

3つの設問がそれほど難しくはない。多くの児童が分かるレベルだろう。答えだけ書いて終わらないようにさせたい。

4 交流する 振り返る　パンフレットの特徴を調べよう。今日の学習を振り返ろう。

「パンフレットのもつ特徴について交流してみましょう。」

見出しを見ることで，全部読まなくても分かるね。

読み手は何を知りたいか，ということを考えながら見ていくと使いやすいね。

利用案内だから，利用する人には役立つ情報だね。

「学習を通して，考えたことや分かったことを振り返りましょう。ノートに書けたら，発表しましょう。」

・見出しを見ると，知りたいことが見つけやすく分かりやすいということを知りました。
・今度，何かパンフレットを見るときは，どんな見出しが書いてあるのか気をつけて見ていきたいです。

利用案内を読もう
第 2 時 （2/3）

本時の目標
目的に応じて，ウェブサイトから必要な情報を見つけることができる。

授業のポイント
ウェブサイトの特徴をつかみ，利用する際にどこを見るとよいのかを体験的に学ばせる。

本時の評価
目的に応じて，ウェブサイトから必要な情報を見つけている。

〈情報選択能力〉ウェブサイトにはたくさんの情報があります。その中から必要な情報を選んで

板書例

☆理由とともに書く → 話し合う

（中央図書館）
・こどもえいが会 … おもしろそう
・工作教室 … どんなものを作るのか知りたい

（東図書館）
・歴史講座 … 地域のことを知りたい

※※児童の発表を板書する。

□ウェブサイト（トップページ）

□ウェブサイト（イベントのページ）

※教科書 P99 のウェブサイトを掲示する。
　設問④で，どこを読めばよいか指し示す。

ウェブサイトの特徴
・見出しを見ると知りたい情報が見つけやすい
・最新の情報を知ることができる
※※

---

1 めあて つかむ　ウェブサイトを見てみよう。

「ウェブサイトについて知っていることを発表しましょう。」
・国語辞典には，「インターネットで，ひとまとまりの情報が置かれている場所」と書いてあります。
・お店や商品のホームページを見たことがあります。

　準備しておいたウェブサイトを電子黒板などで掲示する。

「どんな時にウェブサイトを活用するのでしょうか。」

この間，自分が大好きな野球チームのウェブサイトを見ると，イベントのお知らせがあって申し込みをしたよ。

私も○○のファンクラブのサイトを見て，次のライブがいつあるのか，申込期間はいつなのかを調べたよ。

「パソコンやスマホなどを使えば，ウェブサイトは身近なものです。今日は，そのウェブサイトをどのように利用したらよいのかを考えていきましょう。」

2 調べる　ウェブサイトを読んで調べよう。

「わかば市立図書館のウェブサイトを読み，どんな情報があるのかを調べましょう。」

　教科書 P99 を確認し，どのようなことが示されているのか各自で読み取らせる。大切だと思う語句や文章にはマーカーで囲むなどさせる。

「教科書を読んでみて分かったことを交流しましょう。」

項目があって，そこを選ぶと調べることができるね。イベントの内容がとても詳しく載っているね。

お知らせは，見ている人にとって役立つ情報だね。パンフレットだと，このようなお知らせはできないね。

　ウェブサイトを見ていると，自然と紙のパンフレットとの比較をする児童が出てくるだろう。その際，比較する視点を明確にしておくことを伝えるとよい。

活用する「情報選択能力」の育成が求められています。

主体的・対話的で深い学び

・ウェブサイトは，ほとんどの児童が見たり利用したりしたことがあるだろう。「どのように見たらよいか」「ウェブサイトの特徴」などを話し合い，ウェブサイトを利用するときのポイントに気づかせる。

準備物

・ウェブサイトのコピー（数種類出力しておいて，児童がすぐに手に取ることができるように，教室に展示しておく）
・（黒板掲示用）教科書 P99 のウェブサイトの拡大版

板書：

利用案内を読もう

め　ウェブサイトから必要な情報を読み取ろう

〈ウェブサイト〉
・インターネットで、ひとまとまりの情報が置かれている場所
・お店や商品のホームページ ※※

4 「どのイベントに参加したいか」

※準備しておいたウェブサイト（または，そのページを出力したもの）を掲示する。

---

3 対話する　教科書の設問4について考えよう。

「それでは，4の場面で，ウェブサイトの利用案内を見る人がどうすればいいのかを考えましょう。」

　教科書 P97 の4の設問に取り組ませる。まず個人で考えさせ，その後にグループで交流させる。

なぜそのように考えたのか，理由も書いて，話し合いましょう。

10月4日に中央図書館である「映画会」に行ってみたい。

でも，それは「中学生以上」と書いているからダメなんじゃない？

それだったら，10月11日にある「こども映画会」にしたらどうかな。どんな映画か気になるよね。

　石井さんになり切って，どのイベントに行ってみたいかという問いは，どの児童にとっても話しやすい内容だろう。

---

4 交流する　振り返る　ウェブサイトの特徴を調べよう。今日の学習を振り返ろう。

「ウェブサイトのもつ特徴について交流してみましょう。」

知りたいことを調べやすいね。項目ごとに分けられているから，見つけやすい。

よくある質問を見ると，他の人の悩みも分かるね。

お知らせがあるから，知りたいことがすぐに分かるね。

「学習を通して，考えたことや分かったことを振り返りましょう。ノートに書けたら，発表しましょう。」
・よく見るウェブサイトの特徴が分かりました。便利な情報が多くて分かりやすいということも知ることができました。

利用案内を読もう　179

利用案内を読もう
第 3 時 （3/3）

本時の目標
身の回りのさまざまな媒体から必要な情報を見つけることに関心をもち，効果的な読み方について交流しようとすることができる。

授業のポイント
パンフレットとウェブサイトの特徴をつかみ，それぞれの情報の違いを捉える。実際に，住んでいる町の図書館のウェブページを見て，情報を集めさせる。

本時の評価
身の回りのさまざまな媒体から必要な情報を見つけることに関心をもち，効果的な読み方について交流しようとしている。

板書例

〈ウェブサイト〉

※教科書 P99 ウェブサイトの拡大版

□ウェブサイト（トップページ）

□ウェブサイト（イベントのページ）

どのように2つの情報を使うとよいか

・イベントや新しい情報はウェブサイトを利用する
・見出しを見て，知りたい情報を探す
・自分の知りたいことを調べるのに，状況によって使い分けるといい

※

○必要なところを読めばよい（トップページ）
○お知らせで最新情報を手に入れることが可能
○イベントも調べることができる
△保存しにくい
△誰にでも利用しにくい

※

※児童の発表を板書する。

---

1 書く 対話する　パンフレットの特徴について話し合おう。

「パンフレットの特徴について，知っていることを出し合いましょう。」

　各自で考えを持たせてから，ペアで交流させるのがよい。ノートに箇条書きで書かせた後，交流する。

> パンフレットは，保存しやすいと思う。必要な時にすぐ出して調べられるよね。

> それに，必要な情報を見つけやすいね。知りたい情報の見出しを手掛かりに探せば早く見つかることも分かったね。

「話し合ったことを発表しましょう。」
・必要な情報について，見出しを見て探すと一目で見つけやすい。
・パンフレットは保存しやすいです。
・パンフレットは紙だから，情報が更新されません。

---

2 書く 対話する　ウェブサイトの特徴について話し合おう。

「今度はウェブサイトの特徴について，知っていることを出し合いましょう。」

　こちらも同様に，各自で考えを持たせてノートに箇条書きで書かせてから，ペアで交流させる。

> お知らせやイベントなどの最新情報を調べるときに便利。

> 私はマイナス面で考えてみた。まず，保存しにくいなあと思った。それと，お年寄りの方は利用しにくいんじゃないかな。

「話し合ったことを発表しましょう。」
・必要な情報について，トップページで見出しを見て探すと見つけやすく，気になる情報を深掘りするのも便利です。
・ウェブサイトは最新情報を手に入れやすい。
・ウェブサイトは誰もが利用しやすいとは言えません。

ウェブサイトを利用して，単元の学びを活用してみましょう。

※教科書 P98 パンフレットの拡大版

わかば市立図書館　利用案内

□ 利用カードを作る
・
・
□ 本を借りる
・
・
□ 本を返す
・
・
□ 予約・リクエストする
・
・

○中央図書館　○東図書館　○西図書館

〈パンフレット〉

め　パンフレットとウェブサイトを
さらに詳しく調べて比べてみよう

利用案内を読もう

○ 必要なところを読むと分かる
○ 保存しやすい
△ イベントを知ることができない
△ 情報が更新できない

※

🔍 **主体的・対話的**で**深い学び**

・パンフレットとウェブサイトを比較することで，それぞれのよさや問題点も見つけることができる。対話を通して，情報を組み合わせて調べたり，使い分けたりして，情報を集めることの大切さを学ばせる。

準備物

・タブレットパソコン（自治体によって導入状況が異なる。教室にパソコンをもちこむことができない場合は，PC教室で授業を行うことも考える）
・（黒板掲示用）教科書 P98，99の拡大版

---

3 交流する　どんなときに2つの情報を使うとよいかを話し合おう。

「パンフレットとウェブサイトの特徴をもとに，どんな時に2つの情報を使うとよいかを話し合いましょう。」

どちらも見出しを見ると分かりやすいから，両方の情報を組み合わせて調べることができるね。

最新情報を手に入れたい場合は，ウェブサイトを使うといいね。

使い分けて調べることも大切だね。

「話し合ったことを，グループごとに発表しましょう。」

　グループごとにホワイトボードを配布し，どのような意見が出たかをまとめさせておくとよい。ホワイトボードを見せながら話すと，発表を聞く側も分かりやすい。

---

4 調べる　私たちが住んでいる市町村の
振り返る　図書館ウェブサイトを調べよう。

私たちが住んでいる市町村の図書館ウェブサイトを調べてみましょう。

今度，折り紙教室があるんだね。弟が好きだから教えてあげよう。

○○図書館は，本を最大15冊だね。今度借りてみようかな。

お知らせに，休館日が書いてあるよ。やっぱり便利だね。

「学習を通して，考えたことや分かったことを振り返りましょう。ノートに書けたら，発表しましょう。」
・情報を手に入れる時は，自分が何を知りたいかという目的によって使い分けて調べることが大切だと分かりました。

熟語の成り立ち

◉ 指導目標 ◉

・ 語句の構成や変化について理解することができる。

・ 第 6 学年までに配当されている漢字を読むとともに，漸次書き，文や文章の中で使うことができる。

・ 進んで熟語の構成についての理解を深め，学習課題に沿って熟語を調べたり書いたりしようとすることができる。

◉ 指導にあたって ◉

① 教材について

　4 年生のときに，二字熟語の意味と成り立ちについて学習しています。本単元は，この学習を振り返り，三字や四字以上の熟語の成り立ちも考えて，熟語の成り立ちについてのまとめの学習となります。熟語の組み合わせを分類することによって，熟語を構造的に認識し効果的に使用する力をつけていきます。

　熟語を構造的に捉えていくことは，用語の意味を正しく理解するために有効であり，今後の様々な学習に生かせるものです。学習したことを使い，知っている熟語をつなげてできるだけ長い熟語を作るといった活動で，造語や読解の能力を高めます。

② 主体的・対話的で深い学びのために

　日本語にとって漢字は重要な要素です。そして，熟語を使いこなすことでその漢字の可能性を大きく広げることができます。

　例えば，この単元にも出てくる四字熟語は，知っておくと今後の人生に役立つものがたくさんあります。例えば，危機一髪・猪突猛進・沈思黙考・起承転結・朝令暮改，など様々な場面で事実を一般化して捉えたり，表現したりすることができます。

　ぜひ，熟語を知り，使う楽しさを味わわせ，主体的に使いこなす児童になってもらいたいものです。また，交流を通して，同じ熟語でも人によって使い方や捉え方が違うことを実感すれば，深い学びにもつながるでしょう。

◉ 評 価 規 準 ◉

知識 及び 技能	・第6学年までに配当されている漢字を読むとともに，漸次書き，文や文章の中で使っている。 ・語句の構成や変化について理解している。
主体的に学習に取り組む態度	進んで熟語の構成についての理解を深め，学習課題に沿って熟語を調べたり書いたりしようとしている。

◉ 学 習 指 導 計 画　　全 2 時 間 ◉

次	時	学習活動	指導上の留意点
1	1	・二字熟語の成り立ちについて考え，熟語を分類する。 ・三字熟語の成り立ちについて考えて特徴を捉え，熟語を分類する。	・学習のめあてを提示する前に3つの熟語の違いを問いかけ，学習への意欲を高めさせる。 ・漢字辞典で意味を調べたり，訓読みの読み方を手がかりにしたりして考えさせる。 ・二字熟語＋漢字一字を基本にして考えさせる。
	2	・四字熟語の成り立ちについて考え，熟語を分類する。 ・特別な四字熟語を使って文を作る。 ・教科書の例を使って四字以上の熟語を確かめ，長い熟語を作る。	・一字の集まりから成る場合と，熟語の組み合わせから成る場合があることに気づかせる。 ・身の回りから四字以上の熟語を探し，区切りを入れながらその組み合わせや意味を考えていく。 ・知っている熟語をつなげて，長い熟語を作らせる。

📀 **収録（児童用ワークシート見本）** ※本書 P188，189 に掲載しています。

熟語の成り立ち

第 1 時 （1/2）

本時の目標
熟語の成り立ちに関心をもち，二字熟語と三字熟語の構成について理解することができる。

授業のポイント
漢字の関係を示す記号や訓読みの読み方，三字の区切り方などを手がかりにしながら，理解を深めていく。

本時の評価
熟語の成り立ちに関心をもち，二字熟語と三字熟語の構成について理解している。

板書例

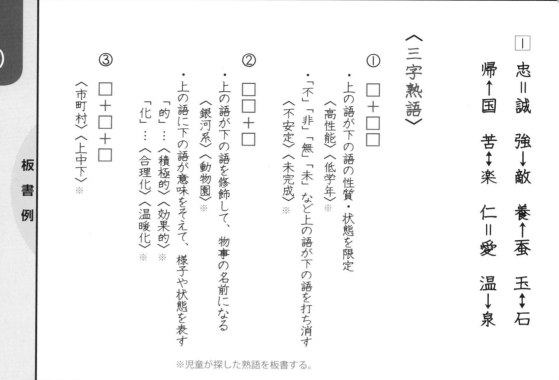

〈組み合わせ〉熟語には組み合わせのパターンがあります。パターンを手掛かりに辞典も活用

1
忠＝誠　強→敵　養→蚕　玉↔石
帰↔国　苦↔楽　仁＝愛　温→泉

〈三字熟語〉

① □＋□□
・上の語が下の語の性質・状態を限定
　〈高性能〉〈低学年〉※
・「不」「非」「無」「未」など上の語が下の語を打ち消す
　〈不安定〉〈未完成〉※

② □□＋□
・上の語が下の語を修飾して，物事の名前になる
　〈銀河系〉〈動物園〉※
・上の語に下の語が意味をそえて，様子や状態を表す
　「的」…〈積極的〉〈効果的〉
　「化」…〈合理化〉〈温暖化〉※

③ □＋□＋□
　〈市町村〉〈上中下〉※

※児童が探した熟語を板書する。

---

1 振り返る つかむ　二字熟語の成り立ちについて考えよう。

「救助」「明暗」「長短」と板書する。

「3つの熟語の中で漢字の組み合わせが他と異なるものはどれでしょう。漢字辞典で調べてもいいですよ。」
・「明暗」「長短」は二字がそれぞれ反対の意味です。
・「救助」は二字が同じ意味だからこれだけ違います。

「二字熟語の成り立ちについて確かめましょう。」
　教科書 P100 上段を読み，4 年生で既習の二字熟語の 4 つの成り立ちを確かめ合う。

①〜④の2つの漢字の組み合わせ方を，記号を使って表してみます。

洗—顔　山—頂　縦↔横　収—納

似た意味が「＝」で，対（反対）の意味が「↔」だね。

上から下を読むとき「↓」，下から上に読むときが「↑」。記号があると分かりやすいね。

一字一字に漢字を分け，記号で関係性を示して見せる。

---

2 調べる　漢字の意味を調べて，二字熟語を分類しよう。

忠誠

『忠誠』は 4 つのうちのどの組み合わせになりますか。漢字の意味を考えて分類してみましょう。

忠も誠も「まこと」「まごころ」の意味です。

「忠誠」は，①の似た意味の組み合わせです。

「分からなければ，漢字辞典で意味を調べましょう。訓読みにするとよく分かる熟語もあります。」
・強敵は，強い敵で，③の上が下を修飾するです。
・養蚕は，蚕を養うだから④の「〜を」が下に来る組み合わせです。訓読みにするとよく分かります。
・玉石はどうかな，どんな意味だろう。
「分からない場合は国語辞典でも調べてみましょう。」
・すぐれたものとつまらないもの，という意味だから②の意味が反対の組み合わせだね。

「1の熟語を，4 つの成り立ちの記号を使って書きましょう。」

しながら，熟語の成り立ちを調べましょう。

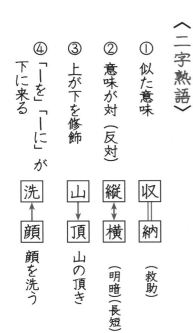

熟語の成り立ち

め 二字と三字と熟語の成り立ちを理解し、同じ組み合わせの熟語を探そう

〈二字熟語〉

① 似た意味 収｜納 （救助）

② 意味が対（反対） 縦↔横 （明暗）（長短）

③ 上が下を修飾 山→頂 山の頂き

④ 「―を」「―に」が下に来る 洗→顔 顔を洗う

主体的・対話的で深い学び

・この時間は，調べて考えるという主体的に学ぶ時間を大切にしたい。教えることも多く，辞典を引くことが苦手な児童もいるので，計画的に時間を確保する。学んだ知識を活用して，熟語の成り立ちを自力で調べさせ理解につなげる。そのような活動から，多くの児童が知的な刺激を受けることが期待できる。隣どうしなどで協力して対話的に進めることにも配慮する。

準備物

・ワークシート（児童用ワークシート見本 **DVD** 収録【6_21_01】）
・漢字辞典，国語辞典

---

3 知る とらえる　三字熟語の成り立ちについて知り，□＋□□の熟語を探そう。

「三字熟語には，□＋□□，□□＋□，□＋□＋□の３つの組み合わせがあります。」

教科書で漢字三字の熟語①〜③を順に確かめる。

「まず，①の□＋□□の組み合わせの漢字には，どんなものがあるでしょう。」
・下の状態を限定するものと，下を打ち消すものがあります。「不，未，無，非」の漢字が使われています。

「①と同じ組み合わせの三字の熟語を探して『＋』を使って書いてみましょう。」
・低＋学年＝低学年と，未＋完成＝未完成が書けた！

4 とらえる　□□＋□，□＋□＋□の三字熟語について考え，探してみよう。

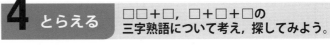

「②と同じ組み合わせの三字熟語を探して，『＋』を使って書いてみましょう。」
・入学式＝入学＋式で，上が下を修飾しています。
・動物園も動物＋園で，上が下を修飾しているね。
・「的」や「化」がつく熟語は，温暖＋化で温暖化。
・効果的も効果＋的の組み合わせです。

「③の□＋□＋□の熟語も探してみましょう。」
・上中下があります。

　　　時間があれば，ワークシートに取り組ませる。

熟語の成り立ち

第 2 時 （2/2）

本時の目標
四字以上の熟語を調べたり作ったりしながら，構成を理解することができる。

授業のポイント
熟語の区切りを考えることで，一見複雑に見える熟語の意味が捉えやすくなることに気づかせる。

本時の評価
四字以上の熟語を調べたり作ったりしながら，その構成を考えようとしている。

板書例

〈四字熟語〉四字熟語には，生き方の糧となる言葉が多くあります。この学びを機に，座右の銘を

① 一字の語の集まりから成る熟語
　〈都道府県〉 … 都＋道＋府＋県

② いくつかの語の集まりから成る熟語
　〈臨時列車〉 … 臨時＋列車
　〈海水浴客〉 … 海水浴＋客
　〈宇宙飛行士〉 … 宇宙＋飛行＋士

※ 特別な四字熟語
　〈弱肉強食〉〈疑心暗鬼〉〈千変万化〉など

☆ 四字熟語を使って文を作ろう

◇ 長い熟語をさがそう
　・花鳥風月
　・直角二等辺三角形 ※
　・石油化学工業

◇ 長い熟語を作ろう
　・自然環境保護活動 ※
　・全国小学生合唱発表会 ※

※児童の発表を板書する。

---

1 つかむ・調べる　四字以上の熟語の成り立ちを調べよう。

「4つ以上の漢字が集った熟語もあるのです。四字以上の熟語はどんな成り立ちになっているでしょう。」
　・春夏秋冬は一字ずつの集まりです。
　・交通安全は二字ずつだね。
　　教科書P101を読み，どれも，いくつかの語と熟語が組み合わさったものであることを確認する。

「教科書の例をノートに書き写し，最初のクイズ問題も＋を使って組み合わせを考えてみましょう。」

　ここで，ワークシート（1）に取り組ませてもよい。

---

2 作る・書く　四字熟語を使って文を作ろう。

弱肉強食，疑心暗鬼，千変万化など，四字が1つのまとまりとして特別な意味を持つ熟語もあることを簡単に説明する。

「他にも，自分で四字熟語を選んで，文を書いてみましょう。国語辞典で調べてもいいですよ。」
　・「一日千秋」を使って「一日千秋の思いで待っている。」
　・「十人十色」で，「みんな同じ風景をえがいたのに，十人十色の絵ができました。」

　実態によって，四字熟語は，危機一髪，起承転結，猪突猛進など教師の方でいくつか準備しておき掲示してもよい。

見つける活動を取り入れるのも面白いでしょう。

熟語の成り立ち

め 四字以上の熟語の成り立ちを理解し、熟語をつなげて長い熟語を作ってみよう

〈熟語クイズ〉

⑦ 春夏秋冬 … 春+夏+秋+冬

⑦ 交通安全 … 交通+安全

⑦ 自動車工場 … 自動車+工場

〈漢字四字以上の熟語〉

🔍 主体的・対話的で深い学び

・この時間も教えることが多いが，ぜひ四字熟語を文中で使うという学習を入れたい。覚えるだけでなく，主体的に四字熟語を使いこなせることを目指させたい。できれば，この授業だけでなく，折りにふれ，四字熟語を紹介したり，話題にする時間も取ったりするようにしたい。

準備物

・ワークシート（児童用ワークシート見本 **DVD** 収録【6_21_02】）
・国語辞典

---

3 調べる・書く　四字以上の長い熟語を探し，いくつの語から成り立っているか考えよう。

身の回りに，四字以上の熟語やもっと長い熟語もないか調べましょう。

うんと長い熟語を見つけたいな。

他の教科書を見てもいいかな。

社会科，算数，理科の教科書などで調べてみるように助言し，調べた熟語をノートに書かせる。

・石油化学工業なら六字です。石油+化学+工業。
・直角二等辺三角形は八字だ。直角+二等+辺+三角+形で５つに分けられます。

「花鳥風月（黒板に書いて読む）はどうですか。」
・花+鳥+風+月，一字の語の集まりの熟語です！

どんな意味か，調べさせる。

---

4 作る・書く　四字以上の長い熟語を作ってみよう。

語や熟語を組み合わせて，長い熟語を自分で考えて作ってみましょう。

おもしろそう！

うんと長い熟語を作ろう！

「現実にはなくても，自分で作った言葉でもいいですよ。例えば，自然環境保護活動。」
教師が例を示して，作り方をイメージさせる。

・１つ考えました。衆議院議員総選挙。
・全国小学生合唱発表会，10字の熟語です。
・第一回都道府県小中学校保健調査報告，17字の熟語ができました。

「熟語をつなげると，新しい言葉ができます。私たちの周りにある言葉もこのようにしてできています。区切りを考えると意味が分かりやすくなります。」

ワークシート 第1時

熟語の成り立ち

名前 （　　　）

(1) 次の熟語と同じ組み合わせのものを、□から選んで記号を書きましょう。

① 古都（　）
② 損得（　）
③ 絵画（　）
④ 納税（　）
⑤ 防犯（　）
⑥ 読書（　）
⑦ 勝負（　）
⑧ 海水（　）
⑨ 投球（　）
⑩ 暗黒（　）
⑪ 寒冷（　）
⑫ 白紙（　）

| ⑦ 左右 | ⑦ 豊富 | ⑦ 温風 | ⑦ 登山 |

(2) 次の三字の熟語の形は、⑦〜⑦のうちどれにあてはまりますか。一つ選んで記号を書きましょう。

① 国際線（　）
② 衣食住（　）
③ 大発生（　）
④ 高学年（　）
⑤ 郵便局（　）
⑥ 可能性（　）
⑦ 陸海空（　）
⑧ 宅配便（　）

⑦ 一字＋一字＋一字
⑦ 一字＋二字
⑦ 二字＋一字

(3) 「不・未・非・無」から□に合う漢字を選んで、三字の熟語を作りましょう。

①	可能	②	解決
③	制限	④	自然
⑤	常識	⑥	公開
⑦	成年	⑧	課税

(4) 「的・性・化」から□に合う漢字を選んで、三字の熟語を作りましょう。

①	文化	②	自動
③	保守	④	危険
⑤	好意	⑥	温暖
⑦	良心	⑧	減量
⑨	安全	⑩	協力

熟語の成り立ち

熟語の成り立ち

名前（　　　）

(1) 次の熟語はいくつの語が集まってできていますか。（例）のように書きましょう。

（例）臨時列車　（臨時）＋（列車）

① 都道府県　（　　）＋（　　）＋（　　）

② 天気予報　（　　）＋（　　）

③ 世界遺産　（　　）＋（　　）

④ 学級討論会　（　　）＋（　　）＋（　　）

⑤ 内閣総理大臣　（　　）＋（　　）

(2) 漢字四字以上の長い熟語を身の回りで探して書きましょう。

（　　　　　　）

(3) 漢字四字以上の長い熟語を作ってみましょう。

（　　　　　　）

漢字の広場 2

◉ 指導目標 ◉

・第 5 学年までに配当されている漢字を書き，文や文章の中で使うことができる。

・書き表し方などに着目して，文や文章を整えることができる。

・5 学年までに配当されている漢字を積極的に使い，学習課題に沿って出来事を説明する文を書こうとすることができる。

◉ 指導にあたって ◉

① 教材について

　　遊園地の様子をイラストと言葉で表しています。例文を参考にして，5 年生までに習った漢字を正しく使いながら，人々の行動について文に書きます。尚，イラストは，場面ごとに区分けしてかかれていません。どこで，だれが，何をしているところを文にするのか，絵をこれまで以上にしっかりと見させることが大切です。いろいろな場面が描かれているので，自分の気に入った場面で文を作らせるとよいでしょう。

② 主体的・対話的で深い学びのために

　　この教材の狙いは全学年までの配当漢字の復習です。それを教師が常に頭の中に留めておきましょう。その上で，今回は「人々の行動」を書くという条件をはっきりと児童に意識させ，書かせましょう。全体で発表，グループで，ペアで発表し合うなど，「書く活動」を「話す活動」も含めた学び合いの形となるよう工夫して漢字の復習をさせたいところです。

知識 及び 技能	第 5 学年までに配当されている漢字を書き，文や文章の中で使っている。
思考力，判断力，表現力等	「書くこと」において，書き表し方などに着目して，文や文章を整えている。
主体的に学習に取り組む態度	第 5 学年までに配当されている漢字を積極的に使い，学習課題に沿って出来事を説明する文を書こうとしている。

◉ 学 習 指 導 計 画　　全 1 時 間 ◉

次	時	学習活動	指導上の留意点
1	1	・教科書の絵を見て，遊園地での人々の行動を想像する。 ・教科書に提示された言葉を正しく使いながら，例にならって遊園地での人々の行動を文章に書く。 ・書いた文章を見せ合い，交流するとともに，示された漢字に触れる。	・配当時間が 1 時間しかないため，あまりじっくりと取り組むことができない。例を挙げて書き方を説明したり，グループごとに絵の範囲を区切ったりして取り組ませるのもよい。

DVD 収録（漢字カード，黒板掲示用イラスト）※本書 P194, 195 に掲載しています。

本時の目標
既習の漢字を使って文や文章の中で使うことができる。

授業のポイント
絵を見ると様々な場面に分かれている。その中で自分が書きたいと思う出来事を囲んでから書かせるようにするとよい。

本時の評価
提示されている漢字を正しく用いて，遊園地での人々の行動を文章に書いている。

板書例

〈漢字カードの使い方〉漢字カードをイラストの上に貼っておきます。児童が使用したカードを

◇ 遊園地での人々の行動を文章に書こう

（例）銅像の前で、記念写真をとっています。

条件
① 書かれている漢字をできるだけ多く使う
② 人々の行動について書く

・遊園地の地図を見ている人がいます。

・似顔絵 をかいてもらっています。 （山中）

・メリーゴーランド前で 順序 よく並んで待っています。 （青木）

・遊園地の 略図 を見て、乗り物の場所を確かめています。 （川上）

・容器 の中のおかしの数を比べています。 （野口）

・遊園地の 規則 が書かれた紙を掲示板に留めています。 （本田）

※早く考えられた児童に文章を書きに来させる。
※教科書提示の漢字は，後で教師が読み上げるとき，カードを貼るか赤で囲むとよい。

1 読む　出し合う　言葉を読み，イラストの中の様子について発表しよう。

1 時間の中で，条件付きの作文を書き，互いに発表・交流する時間も取った上での漢字の復習となる。

先ず，提示されている漢字をみんなで声に出して読み，読み方を確かめ合う。

絵をよく見ましょう。何の絵ですか。この絵の中の人達はどんなことをしていますか。

遊園地の絵です。

メリーゴーラウンドに長い行列ができている。

・入口近くでは，遊園地の地図を見ている人がいます。
・似顔絵をかいてもらっている人がいます。
・真ん中あたりの台の上でお花をもっている男の人は手品ショーをしているのかな。

絵から想像できることをどんどん発表させる。

「いろいろ様子が分かってきましたね。」

2 めあて　つかむ　本時の活動の目的と流れを確かめよう。

では，出ている漢字を使って文章を書いてもらいます。あと 1 つ，条件があります。分かりますか。

「人々の行動を文章に書きましょう。」とあります。

「行動」を書くって，何を書けばいいのですか。

「教科書の例文をみんなで読んでみましょう。」
・銅像の前で，記念写真をとっています。

「例文で，『行動』とは写真をとることです。では，この絵の中で『行動』といえば他にどんなことでしょう。」
・入場券を買うこと。
・似顔絵を描いてもらうこと。
・順序よく並んで待つこと。

「人々のしたことが『行動』ですね。『行動』を絵から見つけて，出ている漢字を使って文章に書きましょう。」

移動させると，使用していない残りの漢字がすぐに分かります。

（め）

漢字の広場2

五年生までの漢字を使って，
遊園地での人々の行動を文章に書こう

※イラストの上に漢字カードを貼る。
※児童が使用した漢字カードを移動する。

主体的・対話的で深い学び

- 5年生までの既習の漢字を正しく使うことができるよう，隣やグループで交流させ，自分から読み方に気づかせる。
- 絵を見て文をどんどん考えさせるとよい。そのとき，隣と相談したり，書こうと思った出来事を囲って焦点化したりして取り組ませる。
- 配当時間は1時間しかないため，あまりじっくりと取り組ませることができない。グループごとに絵の範囲を区切って取り組ませることにしてもよい。

準備物

- 漢字カード　DVD 収録【6_22_01】
- 教科書 P102の挿絵の拡大コピー
  （黒板掲示用イラスト　DVD 収録【6_22_02】）
- 国語辞典

3 書く　文章を実際に作ってみよう。

「どんな文を書けばよいか分かりましたね。では，ノートに書きましょう。1つ書けたら手を挙げましょう。」

　早くできた児童の文章を確認して，よければ前に何人か書きに来させる。そうすることで，書けなくて困っている児童が書き方を理解する助けとなる。

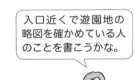
入口近くで遊園地の略図を確かめている人のことを書こうかな。

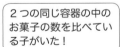
2つの同じ容器の中のお菓子の数を比べている子がいた！

　何人か前に来させて見本で書かせた後は，各自でノートに書いていかせる。できるだけ多く書かせるようにしたい。

「書けたら，出てきた漢字をできるだけ使っているか，人々の行動を文に書いているか，声に出して読んで見直しましょう。」

4 交流する　振り返る　書いた文章を交流しよう。

では，友達とお互いに1つずつ読んでいきましょう。聞いたら感想も伝えましょう。

「遊園地の入り口前で，ベビーカーを貸し出ししています。」というのもいいね。

「身長100cm以上というジェットコースター乗車の条件を確かめて，許可しています。」とは，うまく書いているね。

　クラスの実態によって，隣の友達と，班の形で，自由に歩いて，というように互いに確認する形を変えて交流するとよい。
　交流する中で，教科書提示の漢字を相手が赤く囲ってあげる，という形をとるとよい。もし，間違えていた場合は友達が直してあげる，としてもよい。

「たくさんの人と交流できましたか。最後に何人かに発表してもらいましょう。」
- 大勢の人で混雑した会場で歌っています。
- お化け屋敷に入るのを断っています。

混雑

条件

大勢

許可

※他，漢字カード 19 枚分を収録しています。

ゆうえんち

やまなし
〔資料〕イーハトーヴの夢

全授業時間 8 時間

◉ 指導目標 ◉

・文章を読んで理解したことに基づいて，自分の考えをまとめることができる。
・比喩や反復などの表現の工夫に気づくことができる。
・人物像や物語などの全体像を具体的に想像したり，表現の効果を考えたりすることができる。
・表現や構成等に着目して作品世界を捉えることに粘り強く取り組み，学習の見通しをもって自分の考えを書こうとすることができる。

◉ 指導にあたって ◉

①　教材について

　宮沢賢治特有の魅力的な言葉で谷川の底が描写されています。「やまなし」は，童話の形をとっていますが，賢治の考える世界が表現された作品のひとつです。一方，明確な筋らしい筋はありません。児童も，「何を書いたお話だろう」「どうして『やまなし』という題なのだろう」などと，疑問も持つ作品です。あわせて「イーハトーヴの夢」という賢治の一生を追った文章を読み，賢治という人物の生き方，考え方にふれさせます。ただ，この資料を直接「やまなし」と結びつけるのは難しいでしょう。

　「やまなし」に描かれている世界を，表現や構成から自分なりに捉え，自分の考えを文章にまとめるのが課題です。まず，「やまなし」に描かれていることは何かという読み取りが大切です。

　はじめに，「…二枚の青い幻灯です」という文があります。そして，五月の幻灯の世界に入ります。この二枚の幻灯とは，「かにの子どもの目に沿って見た」青い水の底の世界だと言えるでしょう。読み手も，ここからは「かにの目」と重ねて読むことになります。クラムボンも「かにの目から見えた」何かです。幻灯では，五月と十二月という 2 つの場面が対比されています。ですから，それぞれ出てくるものや出来事，情景を対比して読むことが，この物語の世界を考える上で大事になります。

　「やまなし」では，「日光の黄金」「青いほのお」「金剛石の粉…」など，水の底の自然を表す，独特の比喩や擬態語が使われています。これらの表現にも目を留めさせ，その情景を想像させます。

　尚，賢治の作品は，発表当初，酷評されたように分かりにくさもあります。読むには努力も必要です。

②　主体的・対話的で深い学びのために

　難解な文章で知られている「やまなし」です。資料を合わせて読むことで，宮沢賢治の生き方に関心を持ち，自分なりの作品に対する考えを主体的に持たせましょう。そのためにも，五月と十二月の対比をはじめ，色のイメージ，川の様子など，明確にさせたいことや教えたいことは，積極的に指導していきます。

　児童だけでは分からなかったことが，授業の中で分かるということも，作品に対する印象を深めることにつながります。自分の考えをしっかりと持つことができれば，交流により，深い学びにつながる可能性も高まります。

知識及び技能	比喩や反復などの表現の工夫に気づいている。
思考力，判断力，表現力等	・「読むこと」において，人物像や物語などの全体像を具体的に想像したり，表現の効果を考えたりしている。 ・「読むこと」において，文章を読んで理解したことに基づいて，自分の考えをまとめている。
主体的に学習に取り組む態度	表現や構成等に着目して作品世界を捉えることに粘り強く取り組み，学習の見通しをもって自分の考えを書こうとしている。

● 学習指導計画　全8時間 ●

次	時	学習活動	指導上の留意点
1	1	・「やまなし」を読み，はじめの感想を書いて，話し合う。 ・学習課題と学習計画を話し合う。 ・「やまなし」の初めの文を読み，何を描いた作品なのかを話し合う。	・「二枚の青い幻灯」とは何かを話し合い，内容と表現に目を向けさせる。 ・自分の考えを文章にまとめ，最後に交流することを伝えておく。
2	2	・「イーハトーヴの夢」を読み，賢治の生き方と「夢」（理想）について話し合う。	・「やまなし」とは，無理に結びつけない。賢治の行動と，そのもとにある考え方とをつないで読ませる。
3	3	・「五月」を読み，情景と出てくるもの，かにの様子，出来事などを読み取る。	・二重（入れ子）構造の物語になっている。二枚の幻灯とは，水の底の世界を表しており，水の底からの視点になる。 ・まわりの景色と様子，かにの様子，出来事の3つについて，表現をもとに情景を捉えさせ，表に書きまとめさせる。 ・「五月」と「十二月」の，季節，とき（時刻），出来事などを比べ，違いと共通点を話し合う。特に「かわせみ」と「やまなし」のもたらしたものの違いに着目させ，題名も考えさせる。
	4	・「十二月」を読み，情景やかにの様子，出来事を読み取る。	
	5	・五月と十二月の世界を対比し，「やまなし」という題名になっている理由について話し合う。	
	6	・「やまなし」で，作者が伝えたかったこと（主題）について自分の考えをまとめる。 ・「イーハトーヴの夢」と読み比べる。 ・比喩や擬態語など作者独特の表現を確かめる。	
4	7・8	・自分の考えを書いたものを読み合い，感想を交流する。 ・「この本，読もう」で読書を広げる観点を確かめる。	・これまでにまとめてきたものを読み直し，作者が作品に込めた思いについてあらためて考えさせる。 ・教科書の二次元コードを活用して読書への意欲をもたせる。

💿 収録（画像，児童用ワークシート見本）※本書 P212-215 に掲載しています。

やまなし

第 1 時 （1/8）

本時の目標
「やまなし」を読み，初めの感想を書くことができる。
学習課題を捉え，学習の見通しを持つことができる。

授業のポイント
初めの感想は，ぜひ教師が目を通しておき，これからの読みを進めていく参考とする。児童からはクラムボンのことなど，疑問も多く出てくると考えられる。

本時の評価
教材文に関心をもち，初めの感想を書いている。
学習のめあてと活動の流れを捉えている。

板書例

〈感想〉感想を書く際，心に残ったこと，疑問に思ったこと，みんなで話し合いたいことなど，

〈学習の進め方〉
① 初めの感想（今日）
② 「イーハトーヴの夢」＝ 宮沢賢治を知る
③④ 「五月」「十二月」を読む
⑤ 二枚の幻灯を比べる
⑥ 作者の伝えたいことを文章にまとめる
⑦⑧ 交流する

〈学習課題〉
作品の世界をとらえ，自分の感じたことを文章にまとめよう

◇ 初めの感想を書こう
・何が書かれているのか
・心に残ったこと、感じたこと

二、十二月
かにの子どもらは
私（わたくし）の幻灯は、これでおしまいであります。

二つの世界

1 めあて つかむ　学習課題を確かめよう。

「これから，『やまなし』というお話（物語）を読んでいきます。書いた人（作者）は誰ですか。」
・宮沢賢治です。聞いたことがあります。
・「やまなし」って何だろう。

「やまなし」という題名について話し合ってもよい。

今日は，まずこの『やまなし』を読んで，どんなことが書かれたお話なのか，自分が思ったこと，感じたことを初めの感想として書いてみましょう。

絵がきれいだね。

クラムボンって何かな。

「宮沢賢治という人について書かれた『イーハトーヴの夢』（P115-123）という資料も出ています。」

教科書の宮沢賢治の写真を見る。

2 読む 対話する　初めの部分を読もう。「二枚の青い幻灯」とは何だろう。

「まず，先生が読んでみます。『小さな谷川の底を写した，二枚の青い幻灯です。…』」

全文を範読してもよい。（全文約8分）

「自分でも読んでみましょう。」（1人小声読み）

1行目に『…二枚の青い幻灯です。』とあります。この『青い幻灯』には何が写っているのですか。

「五月」と「十二月」の谷川の底です。

かにの子どものいる谷川で，そこにいるかにが見た谷川の様子だと思います。

「そうです。ここから谷川の底の世界に入るのです。かにの兄弟といっしょに見ていくのです。」
・青いのは川の水の色かな。
・流れているあわも，かにのあわかな。

幻灯（今なら映像）の意味を教え，語句調べをしていく。

書く視点を事前に提示しておくとよいでしょう。

やまなし　宮沢　賢治

「やまなし」を読み、初めの感想を書こう
学習の流れを確かめよう

小さな谷川の底を写した、
二枚の青い幻灯です。

一、五月
二ひきのかにの
子どもらが…

幻灯　とは
＝
かにが見た
谷川の底の（青い）

主体的・対話的で深い学び

・学習の最後に，作者の作品にこめた思いについて文章にまとめる。このことをあらかじめ理解し，学習の過程でも折りにふれ話題にしておく。最後に書くときに，考え出すようでは無理がある。教材研究の段階でも，意識しておきたい。

準備物

・参考イメージ画像「光の棒」など
DVD 収録【6_23_01〜6_23_06】

3 書く 交流する　初めの感想を書こう。

いいなあと思ったところ，心に残ったところはありましたか。また，お話全体からどんな感じを受けましたか。

これまで読んだ物語とは違う不思議な感じです。

谷川の底の景色が見えるような感じがしました。

・宮沢賢治は，何を言いたかったのかなあ。
・どうして「やまなし」という題なのかなあ。
　書く前に感想の交流をしてもよい。「何だか，よく分からない」という声も出るだろう。

「では，話の内容，言葉づかい，お話全体から受けた感じ，心をひかれたことを感想に書きましょう。」
・「十二月」は，温かくて平和な感じがしました。
・クラムボンって面白そう。でも何だろうと…。
・金剛石の粉，などとてもきれいな感じがしました。

　内容と表現について，感想を自由に交流する。

4 確かめる　学習の流れを確かめよう。

この学習では，最後に，作品に対する自分の考えを文章にまとめて交流します。

何を書いたらいいのかな。お話の内容がよく分からないんだけど…。

感想でいいのかな。

　全体の流れを説明し，最後にまとめの文を書き，交流することを伝える。

「教科書124，125ページを参考にして，どんなことを書くのか理解しておきましょう。」
・読んで考えたことを忘れないように，メモしておかないといけないね。
・自分の感想だけじゃなく，作者の思いについても書くんだね。
「次の時間は『イーハトーヴの夢』を読んで，宮沢賢治とはどんな人だったのか，話し合いましょう。」

〈作品観〉作者の生い立ちが作品に大きな影響を与えます。「イーハトーヴの夢」から宮沢賢治の

本時の目標

「イーハトーヴの夢」を読み、宮沢賢治の生き方や考え方、願い（理想）を知り、感想をもつことができる。

授業のポイント

賢治はいわゆる「作家」ではなく、その作品は理想と現実のくらしから生まれたことに気づかせる。本文が長いので行動と考えに絞り、効率よく進める。

本時の評価

「イーハトーヴの夢」を読み、賢治の生き方（行動）と考え方（理想）とを知り、感想をもっている。

板書例

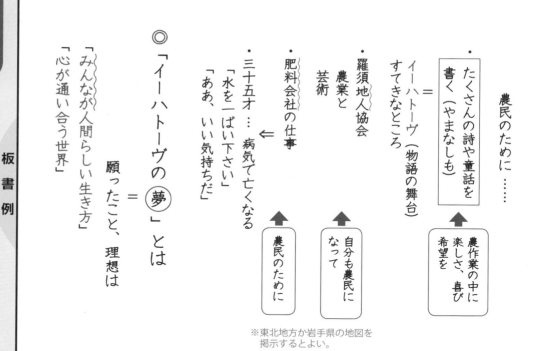

農民のために……

・たくさんの詩や童話を書く（やまなしも）
＝ イーハトーヴ（物語の舞台）すてきなところ

・羅須地人協会 農業と芸術

・肥料会社の仕事

・三十五才…病気で亡くなる
「水を一ぱい下さい」「ああ、いい気持ちだ」

◎「イーハトーヴの夢」とは
願ったこと、理想は
＝「みんなが人間らしい生き方」「心が通い合う世界」

農作業の中に楽しさ、喜び希望を
自分も農民になって
農民のために

※東北地方か岩手県の地図を掲示するとよい。

1 読む 「イーハトーヴの夢」を読もう。

「やまなし」を書いた宮沢賢治という人は、どういう人だったのでしょう。それが「イーハトーヴの夢」に書かれています。

「イーハトーヴ」って何だろうね。

人の名前かな。

「では、『イーハトーヴの夢』を読んでみましょう。」

音読だけで 11 ～ 12 分かかる。45 分でおさめるなら、教師が説明も交えながら読むことになる。年譜を作るのなら 2 時間扱いにする。

児童に黙読させる。？や○などの記号を付けさせてもよい。（時間に応じて黙読は略）次に、教師が読み聞かせる。難語句も多い。「質店」「裕福」「理想」などの言葉については立ち止り、そのつど説明を加えながら通読する。

賢治の臨終の場面は、児童の心に残るだろう。

2 読む 対話する 宮沢賢治の生い立ちを追ってみよう。

「宮沢賢治はいつ、どこで生まれた人でしょう。生い立ちが書かれているところ（P115，116）を読みましょう。」

・120 年も前に生まれた人です。明治時代です。

・岩手県の人です。

黙読し、賢治の生まれた時代、環境など、基本的な生い立ちをまずまとめる。生家のこと、石集めをしたこと、病気のことなど簡単に触れる。

「その頃、岩手県はどんなところだったのでしょう。」

・洪水など自然災害が多く、被害も出ていました。

・農民たちが大変苦しんでいました。

それを見て育った賢治は、どのようなことを考えたのでしょうか。したことと、考えが分かるところに線を引きましょう。

「なんとかして農作物の被害を少なくし、人々が…」のところ。

「そのために一生をささげたい。…」のところもそうだね。

作品観に触れることで，読みに深まりが増します。

主体的・対話的で深い学び

・この時間は，宮沢賢治についての情報を得るという面が大きい。受け身になりがちな展開であるが，その中でも自分との関わりという点を意識させると主体性が出やすい。例えば，「賢治の時代と今の自分とはどう違うか，同じか」「賢治の農業を学んだということについてあなたはどう思うか，自分ならどう考えるだろうか」といった問いを折々に含めながら，進めていきたい。

準備物

・（掲示用）東北地方か岩手県の地図
・地図帳（児童各自）
・（あれば）曲尺の実物
・ワークシート（児童用ワークシート見本 **DVD** 収録【6_23_07】）

※児童が賢治の一生を年表（年譜）にまとめるなら，もう1時間かかる。ここでは年譜づくりを略している。

（板書）

イーハトーヴの夢　畑山　博

賢治の一生（したこと・考えたこと）
＝
宮沢賢治の生き方・考え方を知ろう

(め)

一八九六年（一二〇年前）
岩手県に生まれる
（花巻市）

（そのころ）
自然災害
苦しい
農民のくらし

↓

人々が安心して
田畑を耕せるように
〈人のために〉
一生を

↑

・盛岡高等農林学校へ
・農学校の先生に（二十五）

---

3 読む 対話する 賢治の生き方と考え方を話し合おう。

賢治のしたことと，考えたことが書かれていました。まず何をしたのですか。

盛岡高等農林学校に入りました。

農業の勉強をして，農学校の先生になりました。

「どんな考えから農業を学び，教えたのでしょう。」
・人々が安心して田畑を耕せるようにという考えから。
・そのため（人のため）に一生をささげたい。

「118 ページから何をしたことが書かれていますか。」
・たくさんの童話，詩も書いたことです。
「童話や詩を書いたのは，どんな考えからでしょう。」
・農作業の中にも喜びや希望をもつためです。
「賢治の考えについてどう思いますか？自分だったら？」
・童話や詩なら，みんなが読みやすくていいね。
・ぼくだったら，書けないな…。

---

4 まとめ 交流する 「イーハトーヴの夢」とはどんな夢なのか確かめ，感想を交流しよう。

「イーハトーヴの夢」の「イーハトーヴ」とは何でしょう。地図（P119）も見てみましょう。

賢治の書いた物語の舞台です。想像の国の名前だと思います。

地図を見ると，「やまなし」の「イサド」もあります。

後半部を読み進め，行動と考え（願い・理想）が結びついていることに気づかせる。

「『イーハトーヴの夢』とはどんな夢（理想）なのか，もう1度振り返りましょう。」（P120 上 L9 から読む）

「賢治が願ったのは，どんな世界でしょう。」
・みんなが人間らしい生き方ができる社会です。
・みんなが，互いに心が通い合う世界です。
「それについてどう思いますか。話し合いましょう。」
　　感想を交流する。

やまなし

第 3 時 （3/8）

本時の目標

「五月」の幻灯に出てくる情景や出来事を，言葉や比喩表現に着目して読み，この場面について自分の考えをメモすることができる。

授業のポイント

かにといっしょに，谷川の底を見ているという視点で読ませる。だから「クラムボンとは何か」についても，かにの目に見える「ある何か」だと言える。

本時の評価

「五月」の幻灯に書かれている出来事や情景を，表現に着目して読み，この場面について自分の考えを書いている。

〈読み深め〉五月の場面の豊かな表現に着目して，谷川の底の情景を思い浮かべます。そして，

板書例

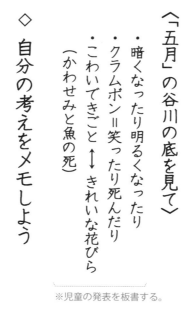
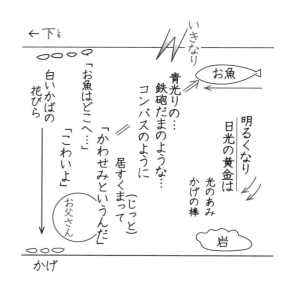

〈「五月」の谷川の底を見て〉
・暗くなったり明るくなったり
・クラムボン＝笑ったり死んだり
・こわいできごと ↔ きれいな花びら
（こわいてきごと）
（かわせみと魚の死）

◇ 自分の考えをメモしよう

※児童の発表を板書する。

---

1 音読する 整理する

幻灯の「五月」の場面を読み，視点を図で整理しよう。

「音読しましょう。見た景色や出てくるもの，出来事，かにの会話を読み，谷川の底の様子を想像しましょう。」

様子（情景），かに，出来事の3つの観点で，書かれていることを読む。3つの記号をつけたり，線を引かせてもよい。

幻灯の視点を確かめ，それぞれの視点を板書する。

「『上』（かみ，うえ）や『下』（しも，した）という言葉が出てきます。図で整理しておきましょう。」

川の流れに合わせて，板書の図で説明する。

2 読む 想像する

「五月」の前半の文から，谷川の様子を読み取ろう。

「『五月』の谷川の様子はどのように見えたのか，107ページまで読みましょう。まず出てきたものは何だったのでしょう。」

・クラムボンという「生き物」がいます。
・1ぴきの魚も泳いでいます。

文に即して話し合い，情景を想像させる。

「かにの兄弟は，何をしていましたか。」

・クラムボンや魚を見て，話をしています。
クラムボンは「かにの言葉」である。「どんなもの」なのかは，「笑うもの」「死ぬもの」などと言える。

かにの視点でどのような情景が見えたのか，読み深めます。

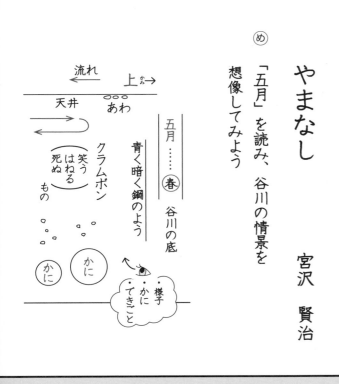

やまなし　宮沢　賢治

⑱
「五月」を読み、谷川の情景を
想像してみよう

五月……〈春〉　谷川の底

青く暗く鋼のよう

クラムボン　笑う
　　　　　　はねる
　　　　　　死ぬ　もの

流れ
上→
天井　あわ

かに　かに　かに

様子・かに・できごと

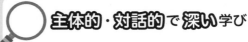

主体的・対話的 で 深い学び

・五月の場面の学習は，この時間だけでなく，後の十二月，そして，十二月との対比の学習にも関係する内容である。それぞれに自分なりの考えを持たせ，深い学びにつなげることが後につながる。そのためにも，話し合いが発表のみにならないように，教師が意見の違いを見つけて，深めていくように意図的に展開させたい。

準備物

・ワークシート
　（児童用ワークシート見本 📀 収録【6_23_08】）

---

3 読む 対話する — 「五月」の後半で，かにが見た出来事とその後の様子を読み取ろう。

「かにの兄弟が見た出来事は何だったのでしょう。108 ページ3行目から読んでみます。」（範読）
　ここも，かに側の視点で書かれている。

これは，外から見るとどんな出来事を表しているでしょう。『青光りの…鉄砲玉のような』『コンパスのように』とは，何のことでしょう。

コンパスは，きっとかわせみのくちばしだよ。

泳いでいた魚が，かわせみに捕えられたことじゃないかな。

「その後の，かにと谷川の様子も発表しましょう。」

　再度 P107L4-P110 を音読する。おびえたかにの様子と，お父さんの言葉，かば（山桜）の花びらが流れてきたことを想像させ，情景を話し合わせる。読み取ったことは全体で板書にまとめていく。

---

4 交流する 書く — 「五月」に描かれていることを表に整理して，交流しよう。

かにといっしょに，五月の谷川の底を見て，どう思いましたか。

暗くなったり，明るくなったり，上を魚が泳いだりと，水の底にいるようでした。

魚が急にいなくなるのを見て，怖い思いをしました。

「五月」を読んだ感想を交流してもよい。

「みんなで読んだ『五月』の様子と出来事を，板書を参考にして表に書きまとめましょう。」
「この谷川の様子や出来事が他の人にも伝わるように書くことができるかな。」

「この勉強の最後に，自分が考えたことを文章にまとめて交流します。忘れないように今日の学習で考えたことや感じたことをノートにメモしておきましょう。」

やまなし

第 4 時 （4/8）

本時の目標
「十二月」の幻灯に写された情景や出来事を，比喩表現などに着目して読み，この場面について自分の考えをメモすることができる。

授業のポイント
次時の「対比」につながるよう表にまとめさせる。
五月の「魚の死」に対して「やまなしの熟成」が対比されていることに気づかせる。

本時の評価
様子や出来事を表す言葉や比喩表現に着目し，「十二月」の情景を想像して，自分の考えを書いている。

板書例

〈対比〉五月と十二月の川底の情景を対比して，どのような違いがあるのか，どのようなことが

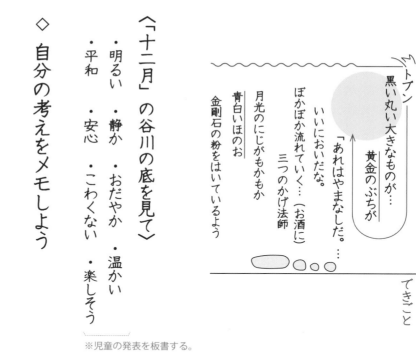

◇ 自分の考えをメモしよう

〈「十二月」の谷川の底を見て〉
・明るい　・静か　・おだやか　・温かい
・平和　・安心　・こわくない　・楽しそう

※児童の発表を板書する。

---

1 音読する　幻灯の「十二月」の場面を，「五月」と比べながら読もう。

「『十二月』は，『五月』と比べるとどんな季節ですか。」
 ・「五月」は春，「十二月」は冬。寒い季節です。
 ・半年も経っています。水も冷たいと思います。
「生きものにとっては，どんな季節でしょうか。」
 ・「五月」は成長するとき，「十二月」はもう冬眠かな。

「では，『五月』と同じように，水中の景色，かに，出来事の３つを考えながら音読しましょう。」
　範読か指名読みの後，１人音読させる。「五月」のように，印や線を入れながら読ませる。

1日のうち，何時ごろの景色ですか。

「十二月」は夜の景色です。「五月」は昼でした。

きっと寒いけれど，明るくてとてもきれいです。よく晴れた月の出ている夜です。

---

2 読む 想像する　「十二月」の谷川の底の様子を想像しよう。

「十二月」の谷川の底は，どのような様子なのでしょうか。見えたものは何ですか。

「白い柔らかな丸石」「水晶のつぶ」「金雲母のかけら」

「ラムネのびんの月光」

波の青白い火。しんとしている。遠くから波の音。

教科書P112 L10までを読み，情景が想像できる語句や，心引かれる表現を出し合わせる。

「この夜の情景，景色を思い浮かべてみましょう。」
 ・とてもきれい。温かそう，季節は十二月なのに。
「かにの兄弟は何をしているのでしょう。」
 ・大きくなり，泡の大きさの比べ合いをしています。
「お父さんも出てきます。かにの様子やお父さんの言葉からどんな感じがしますか。」
 ・心配するやさしいお父さん，平和な感じがします。

分かるのかを，叙述をもとに読み深めます。

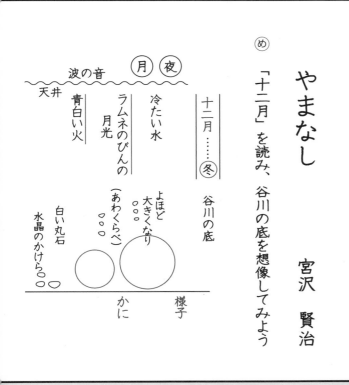

主体的・対話的で深い学び

・前時と同様に，この時間だけでなく，次の対比の学習や最後の文章による交流にも関係する学習となる。児童が主体的に取り組めるように，話し合いのポイントを明確にし，それぞれの意見を明確にさせたい。また，板書を写すだけでなく，自分の考えをメモさせることで深い学びにつなげていく。

準備物

・ワークシート（第3時で使ったもの）

---

3 読む 対話する 「十二月」の後半で，かにが出会った出来事とその後の様子を読み取ろう。

「『十二月』に起こった出来事は何でしょう。その場面を読みましょう。112ページ 11-13 行目です。」（範読）

- どんな出来事でしたか。
- やまなしが落ちてきたことです。
- でも，かにの子どもは，かわせみだと思ったようです。「五月」のことを覚えていたのだね。

「そのときと，その後の様子を音読しましょう。」（音読）
・きらきらっと黄金のぶち（まだら）が光りました。
・やまなしのいいにおいでいっぱいでした。
・ぼかぼか流れていくやまなしの後を追いました。

3つのかげぼうし，青いほのお，月光のにじがもかもか，金剛石の粉，などの表現を取り上げ想像させる。

4 まとめ 交流する 「十二月」に描かれていることを表に整理して，交流しよう。

- 「十二月」の谷川の底の様子を「五月」と比べて，違いはありましたか。この谷川を見てどう思いましたか。
- 寒い季節なのに，明るくきれいな谷川の様子です。
- 落ちてきたのは，かわせみではなくていいにおいのやまなしでした。平和で温かい感じです。

他に，「おだやか」「楽しそう」など出てくるだろう。

「『十二月』の様子や出来事を表にまとめましょう。」
「五月」の様子を書いた表に，書きまとめさせる。

「この『十二月』の様子を読んで，考えたことや感想などをノートにメモしましょう。」
・半年たっても，かわせみのことを覚えているぐらい印象深い出来事だったのだと思いました。
・黄金のぶちのやまなし，月光のにじ，金剛石の粉などの表現から，きらきら美しい情景が想像できました。

やまなし

本時の目標
「五月」と「十二月」の幻灯に写された世界を対比し、「やまなし」という題名について考えることができる。

授業のポイント
「やまなし」という題については、教師がその意味するところを語って聞かせてもよい。

本時の評価
「五月」と「十二月」を対比し、共通点と違いについて感じたことを交流し、「やまなし」という題名について考えている。

〈題名〉題名は物語のキーワードやストーリーの鍵となるものが当てはまります。「やまなし」に

板書例

◇ どうして題が「やまなし」なのか考えよう

〈外 か〉
お魚はこわいところへ
居すくまって
「こわいよ」 ⇅ 追いかけて
いいにおいだ
（おいしいお酒に）

〈かに〉
「お魚はどこへ」
「こわいよ…」こわい ⇅ 「おいしそうだね
「お父さん」 安心

〈世界〉
昼 暗い ⇅ 明るい
こわい・死 ⇅ 幸せ・平和
夜 ⇅ 明るい

（うつり変わる）

・やまなしの出てくる「十二月」を読むといい気持ちになる。幸せな気持ちだ
・十二月のような世界であってほしい
・十二月は「やまなし」があるのがいい

※児童の発表を板書する。

---

1 読む 対話する 「五月」と「十二月」の谷川の様子を比べよう。

「二枚の青い幻灯には違いがありました。今日は、2つを比べてどんな違いがあったのかを考えましょう。」
　・季節が違いました。
　・「五月」はお昼、「十二月」は夜の谷川でした。
「季節も時間も違いましたね。『五月』と『十二月』をもう1度音読してみましょう。」（斉読など）

「どうして、幻灯は二枚あるのでしょう。二枚を比べると、分かることがありそうですね。」

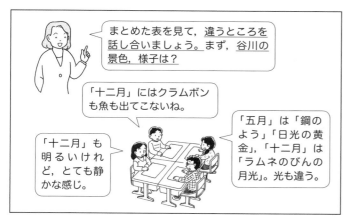

話し合ったことを、全体で交流する。

2 対話する 出来事と、かにの兄弟の様子を比べよう。

「出来事にも違いはありましたか。」
　・「五月」はかわせみがやってきて、「十二月」はやまなしが落ちてきました。
「同じところもありますね。」
　・どちらも上（の世界）から急に現れました。

「かにの兄弟の様子はどう違ってきていましたか。」
　・大きく成長して、泡比べをしています。

どのような意味があるのか，検討する価値があります。

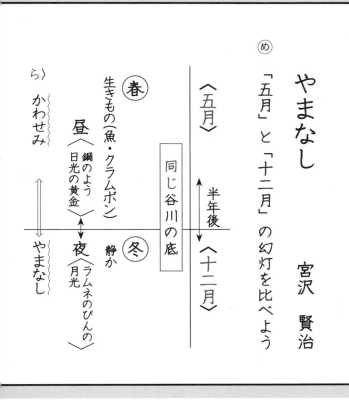

やまなし　宮沢　賢治

め　「五月」と「十二月」の幻灯を比べよう

〈五月〉　←半年後→　〈十二月〉

同じ谷川の底

春　　　　　　　　　　　　冬

生きもの（魚・クラムボン）　静か

昼〈鋼のよう　日光の黄金〉　↔　夜〈ラムネのびんの　月光〉

かわせみ　↕　やまなし

ら〉

主体的・対話的で深い学び

・前時，前々時で学習したことを対比するため，深い学びにつながりやすい内容である。ただ，対比するだけに終わらせずに，そこでそれぞれの考えを持つ時間を適宜取り，ノートに残すように心がけたい。

準備物

・ワークシート（第3時で使ったもの）

---

3 書く 交流する　二枚の幻灯の世界の違いは，何だろう。

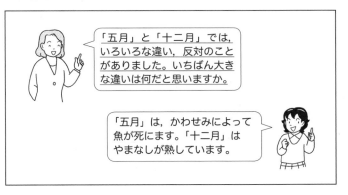

「五月」と「十二月」では，いろいろな違い，反対のことがありました。いちばん大きな違いは何だと思いますか。

「五月」は，かわせみによって魚が死にます。「十二月」はやまなしが熟しています。

　昼と夜，死と生，怖さと平和，などの対比をもとに，ワークシートなどに感想を書かせて，交流する。

「それぞれ，どんな世界だと言えるでしょう。」
・「五月」は，魚もいて明るいけれど怖い谷川です。でもかばの花びらも流れてきます。「十二月」は冷たいけれど，やまなしのある平和な世界です。
・小さな谷川にも怖いことがあり，反対に幸せなこともある世界です。移り変わっていくようです。イサドもきっと楽しいところだと思います。

---

4 書く 交流する　「やまなし」という題名について考えよう。

このお話の題は「やまなし」です。どうして「やまなし」なのでしょう。考えて書いてみましょう。

「十二月」にしか，出てこないのに…。ぼくだったら「谷川の底のかにの兄弟」にします。

かわせみでなく，やまなしがあると，とてもいい気持ちになります。

　理由は，「小さな谷川にも移り変わりがあり，怖いことや死もある。しかし，自然は美しく調和と共生，幸福がある。『やまなし』はその象徴でもある。」ということになるだろう。賢治の考える世界とも重なってくる。

　児童には難しい課題かもしれないが，書いたことをグループまたは全体で自由に話し合わせ，交流する。交流した内容は，ノートに書かせておく。

やまなし

第 6 時 （6/8）

本時の目標
作者が伝えたかったことは何か，賢治の考え方とあわせて書き，話し合うことができる。比喩や擬態語に気づく。

授業のポイント
「やまなし」は，「美しい」だけの物語ではない。朗読するには，作品の主題をある程度分かっておく必要がある。話し合い，見方を広げておく。

本時の評価
学習を振り返り，作者が伝えたかったことを考え，書きまとめている。

板書例

〈主題〉宮沢賢治の世界観が色濃く反映しています。「イーハトーヴの夢」を手がかりに，「やまなし」の

◇「イーハトーヴの夢」から

・かわせみ（魚の死）
↔ やまなし（おいしいお酒に） → どちらもある

月光のカステラ製造所（楽しさ）
イサド ↔ （地図）火山・地ごく（こわい） → どちらもある

宮沢賢治の理想（もとめたもの）
「みんなが人間らしい生き方」「心が通じ合う世界」

〈たとえと様子を表すことば・表現〉

たとえ
水銀のように
日光の黄金
コンパスのように

ようす
かぶかぶ笑ったよ
ゆらゆらと
つぶつぶ

（宮沢賢治のことばづかい）

---

1 書く 交流する　心に残った場面を話し合おう。

「やまなし」の中で，いいなあと思ったところ，心に残ったところはどこでしょう。

「五月」のかばの花びらが流れてくるところは，ほっとします。

「十二月」のかにがやまなしを追いかける場面です。

「心に残ったところを書き写してみましょう。」
　時間は決めておく。（5 〜 10 分程度）

「そこを音読してみましょう。」
　・「三びきは，ぼかぼか流れていくやまなしの後を追いました。その横歩きと，底の黒い三つの…」
　・「波は，いよいよ青白いほのおをゆらゆらと…」
「そこが好きになった理由も言えますか。」
　・水の底がとても美しく書かれているからです。
　・かにたちも平和で幸せそうな感じがします。

　話し合い，「主題を考える」につなぐ。

2 対話する　二枚の幻灯を見せて，作者が伝えたかったこと（主題）を考えよう。

「宮沢賢治は，この『やまなし』で何と伝えたかったのでしょう。題名や比べてまとめた表も参考にして考え，ノートに思ったことを書きましょう。」

　作品には賢治の世界観が示されている。「やまなし」に描かれた，生と死，怖さと平和，豊かさ，美しさ，共生，そして変化。世界はこれらを併せ持ったものだということを伝えたかったのだろう。

　主題は，児童には難しいかもしれないが，これまでまとめた表やメモをもとに考えさせる。

書いたことを発表しましょう。

「十二月」のやまなしが落ちてきたときの場面がとてもきれいです。こんな幸せがある，ということを伝えたかったのだと思います。

怖さと幸せの両方を伝えたかったと思います。

主体的・対話的で深い学び

・「やまなし」という作品を別の角度から見直す時間である。「イーハトーブの夢」を一読で理解することは難しい児童が多いと思われる。積極的に教師が解説をして、理解を促したい。
・比喩や擬態語については、見つけるだけでなく、その効果についても考えさせ、交流させることで対話的で深い学びにつながる。

準備物

・ワークシート（第3時以降、まとめてきたもの）

やまなし

宮沢　賢治

⦿ やまなしで伝えたかったことを考えよう

◇作者が二枚の幻灯で（五月と十二月）
伝えたかったことは何だろうか

（主題）

・十二月の「幸せ」「安心」「平和」の世界
　五月と比べて

・こわいこともあるけれど幸せもある

※児童の発表を板書する。

---

3 読む 「イーハトーヴの夢」とも比べよう。

「賢治の想像の土地、イーハトーヴの地図も見てみましょう。
（P119）どんなものがありますか。」
・イサドの町、月光カステラ製造所…楽しそう。
・火山や地獄もあるよ。こっちは恐そう。

イーハトーブには、火山のように怖いところもあるけれど、楽しく人を幸せにしそうなところも、両方ありますね。

「谷川の底」もそうでした。かわせみが来たり、反対にやまなしが落ちてきたりしました。

「賢治は、『やまなし』で、谷川の底にはどちらもあるということを、二枚の幻灯で写していますね。」

「賢治の理想も振り返ってみましょう。120ページ上段9行目から読んでみましょう。」

　　　小学生には難しい文章なので、補説する。

---

4 探す 読む 比喩と擬態語を見つけ、音読しよう。

「やまなし」には、「水銀のように」のような例え（比喩）が見つかります。この場合、何を何に例えていますか。

光っている泡を水銀に例えているんだね。

変わった例えがいっぱいあったね。

「他に、『日光の黄金』は『…のように』は使っていませんが、日光を黄金に例えています。こんな例えを見つけて、気に入った文に線を引きましょう。」
　　　写させてもよい。（P124参照）

「では、読んでみましょう。（音読で発表させる）『かぷかぷ』…これは、何の様子ですか。」
・クラムボンの笑う様子です。かわいいです。
「こんな様子を表す言葉も見つけてみましょう。」

　　　作者独特の言葉や表現を出し合い、全体で確かめる。

やまなし

第 7,8 時 (7,8/8)

本時の目標
やまなしの学習をして，自分が感じたり，考えたりしたことを読み手に伝わるように書くことができる。

授業のポイント
文章にすることだけを目的にするのではなく，文章にする過程や交流の中であらたな気づきや感想を持てるようにさせたい。

本時の評価
やまなしの学習をして，自分が感じたり，考えたりしたことを読み手に伝わるように文章をまとめている。

〈対話的学び〉「やまなし」を通して，作者や友達，そして，自己との対話的な学びを行います。

板書例

◇ 友達の文章を読み合おう

◎ 読み合いをして，思ったこと
・同じところ
・ちがうところ
→ 感想を交流する

② 考えを文章にまとめる
（例）
・作者が伝えたかったこと
・作者が表現したかったこと
・作者の思いが最も表れているところ　など

◎ 読み直して，思ったこと

＋

・「五月」と「十二月」の対比から
・題名から想像されること
・独特な表現から受ける印象
・作者の生き方や考え方をふまえて　など

---

1 振り返る　ノートや教科書を読み直して，「やまなし」の学習を振り返ろう。

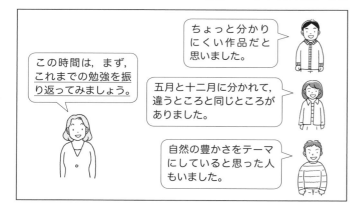

ちょっと分かりにくい作品だと思いました。

五月と十二月に分かれて，違うところと同じところがありました。

この時間は，まず，これまでの勉強を振り返ってみましょう。

自然の豊かさをテーマにしていると思った人もいました。

「教科書やノートを見直してみましょう。」
・やっぱり，きれいな表現がたくさんあるね。
・クラムボンやイサドが気になるな。
・対比して分かったことが多かったな。

「『やまなし』だけではなく，『イーハトーブの夢』も読みましたね。」
・これを読んだから賢治についてちょっと分かったよ。
・作品にも生き方が出ていたね。

---

2 めあて書く　「やまなし」の勉強をして感じたことや考えたことを文章にまとめよう。

「では，『やまなし』の学習をして，自分が感じたことや考えたことを文章にまとめましょう。」
・何から書いたらいいのか…いろいろあるなあ。

教科書 P125 下段「考えをまとめるとき」と書き出しの例を読み，確かめる。（板書参照）

特に，賢治がこの作品に込めた思いについて書いてみましょう。

岩手県と関係があったな。

災害があったときに生まれたんだったね。それも関係ありそうだね。

命や平和について考えたんじゃないかな。

「他に，勉強していくうち，友達の意見を聞いたりして自分の考えが変わったことがあれば，それもぜひ書くといいですね。」

やまなし　　宮沢　賢治

め　自分の考えを文章にまとめよう

◇　作者がこの作品にこめた思いについて
自分の考えをまとめて書こう

① ノート（ワークシート）を読み直す
　○ 学習したこと
　○ 自分の感想、考え

主体的・対話的で深い学び

・前時までの学習から，自分の読みや考えについて文章にまとめ，交流する時間である。ただし，それぞれの時間のメモをつなげるだけでなく，読み直すことで新たに思ったことや気づいたことなどを積極的に取り上げるように促す。それは，考えが深まったということだと意識させたい。

準備物

・教科書P126，127「この本，読もう」の本を何冊か（紹介用）

3 読み合う　書いた文章を読み合おう。

「書いた文章を読み合いましょう。」
・同じ意見のところがある！
・最初難しかった，っていう子が他にもいた！

「読んだら、相手に感想を伝えましょう。」

「そうか、やっぱりクラムボンはあわかなあ。」

「ぼくは、小さな生き物かと思ったけど…。」

　　クラスの実態に応じてペアやグループなどで読み合う。それぞれの文章を机に置き，全員が席を立って次々に読んでいくという方法もある。この場合，付箋紙やメモを置いて，感想を書き残すようにするとよい。

「もし，意見が同じだったり，違ったりしたところが言えると読んでもらったかいがありますね。」

4 交流する　「やまなし」の勉強をした感想を交流しよう。

「最後に、『やまなし』の勉強をした感想を交流して終わりましょう。」

「文章にするのが難しかった。でも、書いたから自分の考えが変わったことがよく分かりました。」

「やっぱり、人によって印象に残った部分が違うなあと思いました。」

「作者の宮沢賢治についてはどうですか。」
・その人の人生が作品に出るんだなあと思った。
・他の作者もそうなのかなあ。
・今まで作者を知らないで読んでいた作品も，作者のことを分かって読むと
・賢治の他の作品も読んでみたいと思った。
「宮沢賢治と同じ時代に生まれた作家の本も，いろいろあります。読んでみるといいですね。」

　　教科書P126，127の「この本，読もう」のコードを活用して賢治と同時代の作家と作品に興味を持たせ，本を紹介する。

■DVD 収録（画像）

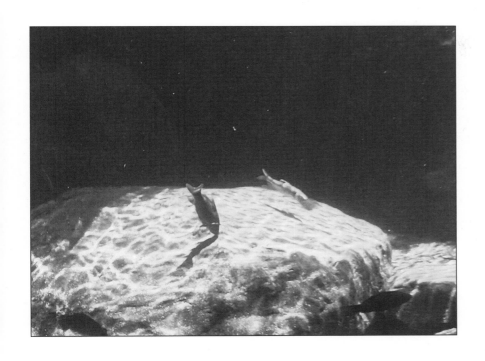

上の表

ワークシート　第2時

やまなし

名前（　　　　　）

● 宮沢賢治の一生を年表にまとめましょう。

イーハトーヴの夢

いつ	出来事・作品・賢治の言動

やまなし

ワークシート　第3・4・5・6時

やまなし

名前（　　　　　）

(1) 「五月」と「十二月」にえがかれていることを表に整理しましょう。
できごと、かにの様子、谷川の様子のちがいを見つけましょう。

五月	十二月

(2) 作者は、なぜ「やまなし」という題名をつけたのでしょう。理由を考えて書きましょう。

やまなし

言葉の変化

◉ 指導目標 ◉

- 語句の由来などに関心をもつとともに，時間の経過による言葉の変化や世代による言葉の違いに気づくことができる。
- 時代や世代による言葉の違いについて進んで理解を深め，学習課題に沿って変化した言葉について調べようとすることができる。

◉ 指導にあたって ◉

① 教材について

　言葉の変化について，この教材では 2 種類を取り上げています。一つ目は，「時代による言葉の違い」です。時代の流れの中で人々の生活や考えとともに変わってきたことを児童は知ることができます。二つ目は，「世代による言葉の違い」です。世代によって特有の言葉や言葉遣いがあり，それによって同じ世代どうしのつながりを強める働きがあります。その半面，違う世代と通じにくく，誤解を生んでしまう面も含んでいます。このような言葉の変化について，詳しく知るのに適した教材です。

② 主体的・対話的で深い学びのために

　この単元では，自分たちが普段何気なく使っている言葉への関心を高めることを目的としています。まず，時代や世代によって，自分たちが普段使っている言葉とは異なる言葉があることに気づかせたいところです。導入として，言葉クイズを取り入れ，児童の知的好奇心をくすぐるようにします。そして，国語辞典を活用した調べ学習の時間を設けることによって，それぞれの児童の言葉に対する関心を高め，その理解を深めます。ペアやグループ交流で，それぞれが調べたことを出し合う対話的な活動を取り入れることで，よりたくさんの言葉に触れ，学びを広げることができるでしょう。

◉ 評 価 規 準 ◉

知識 及び 技能	語句の由来などに関心をもつとともに，時間の経過による言葉の変化や世代による言葉の違いに気づいている。
主体的に学習に取り組む態度	時代や世代による言葉の違いについて進んで理解を深め，学習課題に沿って変化した言葉について調べようとしている。

◉ 学 習 指 導 計 画   全 2 時 間 ◉

次	時	学習活動	指導上の留意点
1	1	・言葉クイズをする。 ・教科書P128下段を読み，昔と今では使い方が異なる言葉があることを知る。 ・時代によって変わってきた言葉を，国語辞典を使って探し，交流する。	・児童の実態に応じて，興味関心をひく言葉クイズを何問か出す。 ・国語辞典だけでなく，タブレットPCやインターネットを活用するのもよい。
	2	・言葉クイズをする。 ・教科書P129を読み，世代による言葉の違いがあることを知る。 ・教科書の設問に提示された言葉について，違う言い方を調べる。 ・学習を振り返る。	・世代の違いで異なる言葉を例に，言葉クイズをする。 ・設問にある5つの言葉を国語辞典で調べさせる。発展問題として，教師が数問用意しておくと，早く終わった児童の対応ができる。

📀 **収録（黒板掲示用イラスト）**

言葉の変化

第 1 時 （1/2）

本時の目標

語句の由来などに関心をもつとともに，時間の経過による言葉の変化や世代による言葉の違いに気づくことができる。

授業のポイント

国語辞典を活用し，時代によって変化した言葉を探す。言葉が時間の経過とともに変化してきたことを気づかせる。

本時の評価

語句の由来などに関心をもつとともに，時間の経過による言葉の変化や世代による言葉の違いに気づいている。

〈導入〉児童はクイズが好きです。児童が学習に対して興味関心を抱いて取り組むことができる

板書例

> 昔　かなし
>
> 今　かわいい、いとしい　←
>
> 時代による言葉のちがい
>
> ・時代の流れの中で、人々の生活や考え方などさまざまな影響を受けて変わってきた
>
> ◇　時代の流れで変わった言葉を調べよう
>
> ・をかし　…　趣がある
> ・いたずらだ　…　役に立たない、むだだ
> ・ゆかし　…　見たい知りたい
> ・いみじく　…　大変だ
> ・むげなり　…　全くひどい
> ・やさし　…　はずかしい

※児童の発表を板書する。
または、児童に板書させてもよい。

1 交流する　言葉クイズをしよう。

「言葉クイズです。5年で学習した『枕草子』や『竹取物語』など昔の文章で，『めでたし』という言葉の意味は，今の言葉で言うとどんな言葉でしょうか。」

　・そのまんま，『めでたい』という意味かな。
　・『おめでとう』という意味かな。

「正解は，『素晴らしい』という意味です。昔と今では使い方に違いが見られる言葉が他にもたくさんあります。今日は，時代によって変わってきた言葉を調べましょう。」

では，言葉クイズをもう1問。昔の『かなし』という言葉は，今の言葉で言うと，どのような言葉でしょうか。

『かなしい』とは全く逆で，『うれしい』という意味かもしれないね。

そのまま『かなしい』という意味じゃないかな。

「正解は『かわいらしい，いとしい』という意味でした。」

　児童の関心を高めるために，クイズを数問出してもよい。

2 知る　昔と今では使い方が異なる言葉があることを知ろう。

「他にもどのような言葉があるのか，教科書を使って確認してみましょう。」

　教科書P128を範読し，全員で確認する。大切だと思う語句や文章にマーカーで線を引かせる。

「教科書を読んでみて，思ったことや考えたことを交流しましょう。」

どうして，今と言葉がこんなに変わるんだろうね。他にどんな言葉があるのか，調べてみたいな。

時代の流れとか，人々の生活とかが理由で言葉が変わっているんだね。私たちの言葉も変わっていくのかな。

「どんな話題が出ましたか。」

　・他にもどんな言葉があるのかを調べてみたいです。
　・時代の流れで，こんなに言葉が変わるとは思いませんでした。

ように，学習クイズを取り入れると有効です。

〈言葉クイズ〉

⊘ 時代によって変わってきた言葉を調べよう

言葉の変化

※教科書 P128 の挿絵を掲示する。
はじめは「すばらしい」の部分を
隠した状態で示し，「クイズ」の
答えを考えさせる。

🔍 主体的・対話的で深い学び

・国語辞典を使って，時代によって変わっていった言葉に関心をもって調べさせる。また，調べた言葉を友達と交流することで，たくさんの言葉に触れることができる。

準備物

・（黒板掲示用）教科書 P128 挿絵　拡大版
・国語辞典

---

3 調べる　時代によって変わってきた言葉を探してみよう。

「時代の流れとともに変わってきた言葉はたくさんあります。国語辞典を使って探してみましょう。」

　国語辞典の「古典」で調べると，古典用語が付録に載っていたり，例解として時代によって変わってきた言葉が掲載しているものもある。

　インターネットで調べる場合は，「古文　言葉の変化」などで検索すると，時代によって変わってきた言葉を調べることもできる。

4 交流する　調べた言葉を交流しよう。
振り返る

「それぞれで調べた，時代とともに変わってきた言葉を交流してみましょう。」

　交流した後，各グループで出し合った言葉を全体で発表し，できるだけたくさん知り合わせる。

「学習を通して，考えたことやできるようになったことを振り返ってノートに書き，発表しましょう。」
・「枕草子」など昔のお話の文を習ったとき，もとの文と現代語訳が全く違って不思議でしたが，言葉1つひとつの意味がこんなに違っていたと知って納得できました。

言葉の変化

本時の目標
世代による言葉の違いについて理解を深め，変化した言葉について調べようとすることができる。

授業のポイント
国語辞典を活用して，和語，漢語，外来語などの言葉を探す。世代によって呼び方や異なる言葉を使っていることに気づかせる。

本時の評価
世代による言葉の違いについて進んで理解を深め，変化した言葉について調べようとしている。

板書例

〈辞典の活用〉辞典は世代による言葉の違いも調べることができます。この活動を通して，

世代による言葉のちがい

・世代に特有の言葉や言葉づかいがある
・世代の人の親近感やつながりを強める
・世代間で通じないこともある
・誤解を生むこともある

◇ 世代によって使い方が異なる言葉を調べよう

・スプーン … さじ
・キッチン … 台所
・コート … 外套（がいとう）
・スーツ … 背広（せびろ）
・シーツ … 敷布（しきふ）
・カーペット … じゅうたん
・リビング … 居間（いま）
…

※児童の発表を板書する。
または、児童に板書させてもよい。

---

1 交流する　言葉クイズをしよう。

「前の時間と同じように，言葉クイズをしましょう。おじいさんが『帳面を取ってくれ』と言っています。でも，小さい孫は，何のことを言っているのか分かりません。『帳面』とは，何を指しているのでしょうか。」

帳面の「帳」って，連絡帳とか自由帳とかの「帳」だよね。だから，ノートじゃないのかな？

私のひいおじいちゃんも，帳面って言っていたよ。私もよく分からなかったけど，きっとノートのことだよ。

「正解は『ノート』でした。分かりましたか。」

「同じ時代なのに，おじいさんと孫のように，世代が違うだけでも言葉の使い方が違う場合もあります。今日は，そのような言葉の違いについて調べてみましょう。」

児童の関心を高めるために，クイズを数問出してもよい。

2 知る　世代によって使い方が異なる言葉があることを知ろう。

「他にもどのような言葉があるのか，教科書を使って確認してみましょう。」

教科書 P129 を範読し，全員で確認する。大切だと思う語句や文章にマーカーで線を引かせる。

「教科書を読んでみて，思ったことや考えたことを交流しましょう。」

世代によって使う言葉があるなんて思わなかった。

田舎のおばあちゃんにパンツって言ったら，下着を持ってきたことがあったよ。ズボンって言った方がよかったのかな。

でも，ぼくたちがカタカナ言葉で話すことが多いのはよく分かるね。

「どんな話題が出ましたか。」
・同じものを指すのに，世代によって違う言葉があるなんて不便だと思いました。
・他にもどんな言葉があるのかを調べてみたいです。

児童にとって辞典が便利な道具であることを再確認できます。

言葉の変化

め　世代によって使い方が異なる言葉を調べよう

帳面

世代がちがう

ノート

※イラストを貼る。

主体的・対話的で深い学び

・国語辞典を使って，世代によって変わっていった言葉に関心をもって調べさせる。また，調べた言葉を友達と交流することで，たくさんの言葉に触れることができる。

準備物

・（黒板掲示用）おじいさん，子どものイラスト
　DVD 収録【6_24_01】

・国語辞典

---

3 調べる　世代によって使い方が異なる言葉を探してみよう。

「世代によって使い方が異なる言葉はたくさんあります。国語辞典を使って探してみましょう。」

　教科書 P129 の「スプーン」，「キッチン」，「シーツ」，「スーツ」，「コート」について，国語辞典を使って調べる。

「スプーン」は，「さじ」っていうよ。料理の時に大さじとか小さじって使うね。

「キッチン」という言葉は「台所」という意味があるんだね。お母さんは台所って言うよ。

　他の言葉を調べる場合は，国語辞典やインターネットで調べてみるとよい。例えば，「カーペット」「リビング」「デパート」「センサー」「マップ」「ランキング」「リベンジ」などが考えられる。

4 交流する　振り返る　調べた言葉を交流しよう。

「世代によって使い方が異なる言葉を交流してみましょう。」

「コート」は「外套」っていうんだって。うちのおじいちゃんも使わないよ。

「シーツ」は，「敷布」っていうんだって。これも聞きなれない言葉だね。

こんなに言葉が違うなんて思わなかったね。

　交流したことを全体でも出し合い，答えを確認する。

　教科書 P129 「いかそう」を読み，だれにでも分かりやすい言葉を使う場合について確かめ合う。

「学習を通して，考えたことやできるようになったことを振り返り，ノートに書きましょう。書けたら発表しましょう。」
・誰にでも分かるように，話すときは言葉に気をつけて話すようにしたいです。

DVD 映像

【動画（俳句鑑賞文）板書】
「うまそうな雪がふうわりふわりかな」　小林 一茶

6 年（下）　目次

季節の言葉　秋深し

みんなで楽しく過ごすために
コラム　伝えにくいことを伝える

漢字の広場③

④　表現の工夫をとらえて読み，それをいかして書こう
『鳥獣戯画』を読む
〔情報〕調べた情報の用い方
日本文化を発信しよう

古典芸能の世界 ― 演じて伝える

カンジー博士の漢字学習の秘伝

漢字の広場④

⑤　伝統文化を楽しもう
狂言　柿山伏
「柿山伏」について

大切にしたい言葉

漢字の広場⑤

季節の言葉　冬のおとずれ

詩の楽しみ方を見つけよう
詩を朗読してしょうかいしよう

仮名の由来

⑥　筆者の考えを読み取り，
　　社会と生き方について話し合おう
メディアと人間社会
大切な人と深くつながるために
〔資料〕プログラミングで未来を創る

漢字を正しく使えるように

人を引きつける表現

思い出を言葉に

今，私は，ぼくは

漢字の広場⑥

⑦　登場人物の関係をとらえ，
　　人物の生き方について話し合おう
海の命

卒業するみなさんへ
中学校へつなげよう
生きる
今，あなたに考えてほしいこと

著者紹介（敬称略）

【著者】

岡 篤	神戸市立ありの台小学校教諭
南山 拓也	西宮市立南甲子園小学校教諭
入澤 佳菜	奈良教育大学附属小学校教諭
鈴木 啓史	奈良教育大学附属小学校教諭
田中 稔也	神戸市立小寺小学校教諭

＊所属は 2020 年 3 月現在

【特別映像 寄稿】

菊池 省三	教育実践研究家
岡 篤	神戸市立ありの台小学校教諭

＊所属は 2020 年 3 月現在

【初版 著者】（五十音順）

岡 篤
河野 修三
中村 幸成
羽田 純一
原田 善造
藤田 えり子

喜楽研の DVD つき授業シリーズ

新版
全授業の板書例と展開がわかる　DVD からすぐ使える
〜菊池 省三・岡 篤の授業実践の特別映像つき〜

まるごと授業　国語　6年（上）

2015 年 4 月 2 日　　初版　第 1 刷発行

2020 年 4 月 10 日　　新版　第 1 刷発行

著　　　者：	岡 篤　南山 拓也　入澤 佳菜　菊池 省三　鈴木 啓史　田中 稔也
イラスト：	山口 亜耶
撮 影 協 力：	（菊池 省三 特別映像）有限会社オフィスハル
	（岡 篤 特別映像）井本 彰
	河野 修三
企画・編集：	原田 善造（他 8 名）
編　　　集：	わかる喜び学ぶ楽しさを創造する教育研究所　編集部

発 行 者：	岸本 なおこ
発 行 所：	喜楽研（わかる喜び学ぶ楽しさを創造する教育研究所）
	〒 604-0827 京都府京都市中京区高倉通二条下ル瓦町 543-1
	TEL　075-213-7701　FAX　075-213-7706
	HP　http://www.kirakuken.jp/
印　　　刷：	創栄図書印刷株式会社

ISBN：978-4-86277-286-2

Printed in Japan